metabolic balance®

Dr. med. Wolf Funfack | Bernd Meyer

Leichter genießen

Das Rezept zu Gefüllter Entenbrust auf Dörrpflaumen finden Sie auf Seite 120.

metabolic balance®

Dr. med. Wolf Funfack | Bernd Meyer

Leichter genießen

Köstliche Rezeptideen für die Erhaltungsphase

südwest

Inhalt

Essen à la metabolic balance® verspricht Geschmack und Genuss.

metabolic balance® ist ein Ernährungskonzept, das man ein Leben lang beibehalten kann.

Vorwort

Die internationale Vereinigung zum Studium der Adipositas »IASO« *(International Association for the Study of Obesity)* bringt mit ihren jährlichen Berichten immer wieder neue Schreckensbotschaften hervor. Während sich in den letzten 15 bis 20 Jahren die Anzahl der Übergewichtigen (Body-Mass-Index BMI > 25 kg/m^2) nur wenig verändert hat, nahm die Zahl der stark übergewichtigen Menschen (BMI > 30 kg/m^2) in den westlichen Industriestaaten massiv zu. Verbunden mit diesem Zuwachs ist es auch zu einer Zunahme der Krankheiten des metabolischen Syndroms gekommen.

Metabolisches Syndrom

Diese »Viererbande« – bestehend aus Übergewicht, Bluthochdruck, koronarer Herzerkrankung und Diabetes mellitus (»Zuckerkrankheit«) mit all ihren Folgen – kann als neue Geißel der Menschheit bezeichnet werden und ist ursächlich auf falsche Ernährung zurückzuführen.

Erfahrungen aus der Praxis

Mehr als 20 Jahre lang habe ich mich in meiner internistischen Hausarztpraxis mit dem Thema Stoffwechsel und Gewichtsregulation beschäftigt. Alle klassischen Methoden, um für diese Probleme eine Lösung herbeizuführen, waren nur von wenig Erfolg gekrönt. Alle diese standardisierten Nahrungsempfehlungen, die ich während meiner Ausbildung lernte, waren langfristig nicht geeignet, den Stoffwechsel meiner damaligen Patienten wieder ins Gleichgewicht zu bringen. Meine persönlichen Erfahrungen und das tägliche Problem mit dem Übergewicht vieler Patienten in meiner Praxis veranlassten mich letztendlich, nach effektiven Lösungen im Bereich gesunder Ernährung zu suchen. Ich kam zu dem Schluss, dass nur ein persönlicher, für jeden Teilnehmer individuell erstellter Ernährungsplan zum Ziel führen kann.

metabolic balance® – das Programm für den individuellen Stoffwechsel

Zusammen mit der Diplom-Ingenieurin für Ernährungstechnik Silvia Bürkle entwickelte ich 2001 das Ernährungs- und Stoffwechselprogramm metabolic balance®, in das die neuesten wissenschaftlichen Erkenntnisse, aber auch meine jahrelange persönliche Erfahrung mit Krankheiten, die durch falsche Ernährung entstehen, eingearbeitet sind. Seit der Gründung der metabolic balance GmbH im Jahr 2002 in Isen haben Hunderttausende diese Methode angewandt, ihren Stoffwechsel wieder ins Gleichgewicht gebracht, ihr Wohlfühlgewicht erreicht und erfolgreich gehalten sowie ihre Lebensqualität verbessert.
Die nun vorliegende Rezeptsammlung begleitet die Teilnehmer des Stoffwechselprogramms in ihrer vierten Phase des Ernährungskonzepts. Wer gelernt hat, wieder auf seine inneren Signale zu achten, und zudem die acht Grundregeln von metabolic balance® verinnerlicht hat, der wird mit den Rezepten von Bernd Meyer, Küchenmeister und medizinisch geprüfter Ernährungsberater sowie Mitglied des metabolic balance® Hotelkonzept Schulungsteams, noch mehr Abwechslung in seinen täglichen Speiseplan bringen.

Guten Appetit wünscht Ihnen
Dr. med. Wolf Funfack

metabolic balance® – ein Leben lang

Unsere Nahrung bestimmt unsere Gesundheit. Läuft der Stoffwechsel in seinen natürlichen Bahnen, fördert er Wohlergehen und Zufriedenheit.

Unser Stoffwechsel

Unter Stoffwechsel versteht man die Vorgänge, die in unserem Körper ablaufen, sobald wir anfangen, Lebensmittel zu uns zu nehmen. Diese werden durch unser Verdauungssystem in ihre kleinsten Bausteine zerlegt, über die Darmwand aufgenommen und im Körper dann wieder zu körpereigenen Substanzen zusammengesetzt. So entsteht aus tierischem und pflanzlichem Eiweiß körpereigenes Eiweiß in Form von Muskeln, Nerven, Organen, Haut, Haaren, Knochen usw. Zusätzlich brauchen wir natürlich auch Substanzen aus den Lebensmitteln, die uns mit Energie versorgen, damit diese ganzen Stoffwechselvorgänge – unser gesamtes Leben überhaupt – stattfinden können.

Individuelle Ernährungspläne

Eine große skandinavische Studie hat ergeben, dass mittlerweile ein Drittel aller Befragten Angst bekommt, wenn es an seine Nahrungs- bzw. Lebensmittel denkt. 70 Prozent der Befragten sind überzeugt, dass eine personalisierte Ernährung ihre Lebensqualität verbessern würde. Dieser Trend macht sich auch in der heutigen Medizin bemerkbar, wo man immer mehr zu der Überzeugung kommt, dass eine individuell auf die einzelne Person ausgerichtete Therapie die besten Erfolge zeigt.

Auch ich, Dr. W. Funfack, habe diese Erfahrung in den über 30 Jahren meiner medizinischen Tätigkeit gemacht und festgestellt, dass standardisierte Ernährungsberatungen, bei denen jeder Teilnehmer in etwa die gleichen Empfehlungen erhält, frustrierend sind und zu schlechten Ergebnissen führen. Erst seitdem für jeden Teilnehmer individuell ein personalisierter Ernährungsplan erstellt wird, sind diese guten Ergebnisse zustande gekommen, wie eine prospektive Evaluationsstudie belegt. Diese Studie hat unter anderem auch deutlich gezeigt, dass für den Erfolg neben dem individuellen Plan auch die achtsame Begleitung der Klienten durch unsere metabolic-balance®-Betreuer eine entscheidende Rolle spielt. Diese zertifizierten Betreuer sind speziell hierfür ausgebildete Ärzte, Heilpraktiker, Oecotrophologen und Ernährungsberater. Gute Betreuung wird auch in ausgebildeten Apotheken und ausgewählten Fitnessinstituten angeboten.

Was ist metabolic balance®?

metabolic balance® ist ein ganzheitliches und natürliches Ernährungskonzept, das den Stoffwechsel (Metabolismus) wieder ins Gleichgewicht (Balance) bringt und dadurch sowohl die Lebensqualität als auch die Gesundheit nachweislich und anhaltend verbessert. Es unterstützt Menschen, die durch Veränderung der Ernährung ihre Lebensqualität auf Dauer verbessern wollen. Jeder Mensch hat individuelle Anlagen und Gaben, die er am besten in einem gesunden Körper voll entfalten kann. Ein wichtiger Baustein ist hierbei eine gesunde Ernährung.

Wir legen großen Wert darauf, dass keine speziellen Nahrungsergänzungsmittel, Pulver oder Kapseln erforderlich sind, um den Stoffwechsel wieder ins Gleichgewicht zu bringen.

metabolic balance® in vier Phasen

Bei einer Ernährungsumstellung »wird in der Regel eine Stufentherapie verfolgt, die mit einer Kombination aus mäßig hypokalorischer Kost, Bewegungssteigerung und Verhaltensmodifikation als Basistherapie beginnt«, stellte Prof. Dr. Hans Hauner 2011 fest. Das metabolic-balance®-Ernährungskonzept gliedert sich, dieser Aussage entsprechend, in vier Phasen: Vorbereitungsphase, strenge und gelockerte Umstellungsphase sowie Erhaltungsphase. Die metabolic-balance®-Betreuer begleiten und beraten die Teilnehmer während der Ernährungsumstellung – ganz gleich, ob sie zunehmen, abnehmen oder einfach nur ihre Gesundheit optimieren wollen.

Die Vorbereitungsphase

Als einleitende Phase des metabolic-balance®-Stoffwechselprogramms steht die zwei Tage dauernde Vorbereitungsphase, in der der Körper durch leichte Kost und Abführen – etwa durch Bittersalz – auf die nachfolgende Stoffwechselumstellung vorbereitet wird.

Die strenge Umstellungsphase

Während der strengen Umstellungsphase, die mindestens zwei Wochen dauert, stellt sich der Körper der Programmteilnehmer auf die neue, gesunde Ernährungsweise um. Der Stoffwechsel kommt wieder in Schwung. Die acht Grundregeln (siehe Kasten auf Seite 10) müssen während dieser Zeit sehr genau eingehalten werden, um den Stoffwechsel eines jeden Einzelnen gezielt in gesunde Bahnen zu lenken.

Die gelockerte Umstellungsphase

In der gelockerten Umstellungsphase werden Lebensmittel vorsichtig getestet, die vorher ausgeschlossen waren. Dadurch entwickelt sich ein neues, feineres Gespür für den eigenen Körper. Die Teilnehmer berücksichtigen dabei ständig die sich ergebenden Veränderungen des Gewichts und Körpergefühls und passen ihre erweiterte Lebensmittelauswahl und die gegessenen Mengen diesen individuell an.

Die Erhaltungsphase

Diese Phase dauert »lebenslänglich«. Sie beginnt, sobald das Wunschgewicht erreicht ist. Die Teilnehmer sichern den erzielten Erfolg durch die Beachtung der acht Grundregeln (siehe Seite 10) und den Einbau regelmäßiger Bewegung in den Tagesablauf. In dieser Phase dürfen auch Lebensmittel gegessen werden, die nicht auf dem individuellen Plan stehen.

Frische, naturbelassene Lebensmittel sind die beste Wahl.

Zusammensetzung der Nahrung

Die ausgewogene Verteilung und gezielte Auswahl von hochwertigen Lebensmitteln bei metabolic balance® entspricht der modernen Ernährungslehre: 40 bis 45 Prozent Kohlenhydrate, 30 bis 35 Prozent Fett und 20 bis 25 Prozent Eiweiß. Diese Verteilung der Makronährstoffe Kohlenhydrate, Fette und Eiweiß hat in den letzten zehn Jahren immer mehr Eingang in die moderne Ernährungsberatung gefunden. Immer mehr Untersuchungen zeigen, dass dies die medizinisch am besten nachvollziehbare Verteilung ist, um Gewicht abzunehmen und langfristig auch zu halten. So hat z. B. die »Diogenes-Studie«, die am 25.11.2010 von T. M. Larsen und anderen im »New England Journal of Medicine« veröffentlicht wurde, belegt, dass die Empfehlungen von metabolic balance® den modernsten wissenschaftlichen Erkenntnissen entsprechen. Bei dieser vergleichenden Studie zu verschiedenen Ernährungsmodellen schnitt die »Diät«-Variante

Die acht Grundregeln von metabolic balance®

Mit diesen Verhaltensregeln lässt sich der Stoffwechsel regulieren:

Regel 1 Essen Sie nur drei Mahlzeiten pro Tag; in der strengen Umstellungsphase nicht mehr, nicht weniger, nichts anderes als in Ihrer persönlichen Lebensmittelliste vorgesehen.

Regel 2 Machen Sie nach jeder Mahlzeit mindestens fünf Stunden Pause, ehe Sie die nächste Mahlzeit beginnen.

Regel 3 Lassen Sie die einzelnen Mahlzeiten nicht länger als 60 Minuten dauern.

Regel 4 Beginnen Sie jede Mahlzeit mit einem bis zwei Bissen der Eiweißportion.

Regel 5 Essen Sie pro Mahlzeit nur eine Art Eiweiß, jedoch zu jeder der drei Mahlzeiten eine andere Art.

Regel 6 Essen Sie nach 21.00 Uhr möglichst nichts mehr.

Regel 7 Trinken Sie über den Tag verteilt die für Sie errechnete Menge Wasser. Faustregel: 35 Milliliter Wasser pro Kilogramm Körpergewicht.

Regel 8 Essen Sie das Obst (u. a. täglich einen Apfel) zum Ende der Mahlzeit.

am besten ab, die eine vergleichbare Zusammensetzung der Nahrung aufwies, wie sie in den metabolic- balance®-Plänen empfohlen wird.

Die Ernährungspyramide

Essen dient heutzutage ja nicht mehr nur dazu, uns vor dem Verhungern zu bewahren, sondern es spielt auch eine große Rolle bei anderen Aspekten – etwa bei der Lustbefriedigung und der Aufrechterhaltung sozialer Kontakte. Das wichtigste Prinzip bei metabolic balance® ist, dass Essen richtig gut schmecken und Freude machen darf.

Die erste Stufe

Auf der ersten Stufe der Ernährungspyramide empfiehlt metabolic balance® vor allem langkettige Kohlenhydrate, etwa in Form von Gemüse, Salat, Obst, Pellkartoffeln und Roggenvollkornbrot, nach Bedarf mit gesundem Öl zubereitet.

Die zweite Stufe

Auf der zweiten Stufe folgen biologisch hochwertige tierische und pflanzliche Eiweiße aus Fleisch, Fisch, Eiern, Milch- und Sojaprodukten, Pilzen oder Hülsenfrüchten.

Die dritte Stufe

Erst auf der dritten und damit vorletzten Stufe der Ernährungspyramide finden sich die kurzkettigen Kohlenhydrate, wie wir sie aus Getreideprodukten, Reis, Nudeln usw. kennen. Von dem bewussten Glas Rotwein oder Bier wissen wir heutzutage, dass es nicht nur nicht schadet, sondern – gemäß dem Motto »Die Dosis macht das Gift« – sogar eine gesundheitsverbessernde Wirkung hat, denn täglich ca. 100 Milliliter Rotwein vermindern das Risiko für Diabetes Typ 2 oder koronare Herzerkrankung um bis zu 30 Prozent.

Die metabolic-balance®-Ernährungspyramide zeigt, welche Lebensmittel man häufig bzw. selten verzehren soll.

Die vierte Stufe

Nur ganz selten sollte man das zu sich nehmen, was auf der letzten Stufe der Pyramide steht: Süßigkeiten, Softdrinks und die mit viel Zucker, speziell Fruktose, angereicherten Obstsäfte.

Umgang mit Fetten und Ölen

In einer guten Mahlzeit dürfen ausreichend Fette und Öle keinesfalls fehlen! Sie sind es, die dem Essen den guten Geschmack und das Aroma verleihen. Alle Geschmacks- und Aromastoffe sind fettlöslich. Wird der Fettanteil im Essen auf unter 25 Prozent reduziert, schmeckt es einfach nicht gut. Bedenken sollte man zudem, dass Fette und Öle einen lang anhaltenden Sättigungseffekt haben. Zwar liefert 1 Gramm Fett mit 9 Kilokalorien mehr als doppelt so viele Kalorien wie 1 Gramm Kohlenhydrate (= 4 Kilokalorien), doch dafür sättigt es mehr als doppelt so lang. Unzäh-

Vergleich von Methoden zur Gewichtsabnahme – Daten aus zwei Studien

Anzahl der Teilnehmer, die mehr als 5 Prozent ihres Ausgangsgewichts abgenommen und über 1 Jahr gehalten haben.

Methode	Teilnehmer in Prozent
DGE-Empfehlung	20–26
Kommerzielle Gruppen	21–31
Sportgruppe	17
Nicht kommerzielle Gruppen	14–16
metabolic balance®*	62,5

(Quellen: Jolly, Kate et al. BMJ, 2011, 343; d6.500 »Comparison of range of commercial or primary care led weight reduction programmes with minimal intervention control for weight loss in obesity: Lighten Up randomised controlled trial«)

** Meffert, C. Gerdes, N.: Journal of Nutrition and Metabolism, 2010. Article ID 197656 »Program Adherence and Effectiveness of a Commercial Nutrition Program: The Metabolic Balance Study«*

lige Ernährungsstudien haben gezeigt, dass der Austausch von Fett gegen Kohlenhydrate über den vermehrten Hunger dazu führt, dass über den Tag verteilt bis zu 80 Prozent mehr Kalorien aufgenommen werden. Dies führt dann nicht nur zur Gewichtszunahme, sondern auch zu schlechteren Blutwerten für Cholesterin und Triglyzeride, die gefürchteten Blutfette. Andere Untersuchungen haben gezeigt, dass kein Zusammenhang besteht zwischen der Menge bzw. Qualität der Fette in unserer Nahrung und Übergewicht bzw. Risiko für koronare Herzerkrankung. Es gibt bis heute keine einzige ernst zu nehmende Untersuchung, die nachweist, dass zu viel Fett in der Ernährung zu Übergewicht führt. Viele Studien zeigen genau das Gegenteil, nämlich dass weniger Fett in der Ernährung den Body-Mass-Index (BMI) ansteigen lässt! Trotzdem beharren unsere Schulmediziner und die Ernährungsgesellschaften unvermindert auf ihrer alten Botschaft, dass man nur das Fett reduzieren muss, um schlank und gesund zu werden. Bei metabolic balance® sind alle fettreduzierten Lebensmittel wie beispielsweise fettarmer Joghurt streng verboten!

Gewichtsreduktion im Vergleich

In einer 2011 veröffentlichten Untersuchung wurden kommerzielle mit nicht kommerziellen Methoden in Bezug auf Gewichtsverlust miteinander verglichen. Die dort untersuchten kommerziellen Methoden schnitten dabei wesentlich besser ab als die anderen, die auf Pillen, Pulver oder einfache Ernährungsberatung setzten. Allerdings konnte keine dieser Methoden nachweisen, dass die Forderung des Komitees zur Bewertung von Abnahmeprogrammen *(Committee to develop Criteria for Evaluating the Outcomes of Approaches to prevent and treat obesity)* erfüllt wird. Dort wird gefordert, dass in einer Studie mindestens 50 Prozent der Teilnehmer nach einem Jahr 5 Prozent ihres Ausgangsgewichts abgenommen und gehalten haben müssen.

metabolic-balance®-Studie

In der metabolic-balance®-Studie schafften es 62,5 Prozent der Teilnehmer, 5 Prozent und mehr des Ausgangsgewichts abzunehmen und mindestens ein Jahr zu halten. 31,1 Prozent der Teilnehmer schafften es sogar, mehr als 10 Prozent des Ausgangsgewichts abzunehmen und mindestens ein Jahr zu halten.

Einhaltung der Grundregeln

Je mehr der acht Grundregeln (siehe Seite 10) eingehalten werden, desto größer ist der Abnahmeerfolg. Die Zahlen schwanken hier zwischen 7 Prozent (bei Einhalten von drei bis vier der Regeln) bis zu 17 Prozent Gewichtsabnahme (bei Einhalten von sieben bis acht Regeln).

Verbesserung der Lebensqualität

Am meisten jedoch profitieren die Teilnehmer von metabolic balance® von der Verbesserung der gesundheitsbezogenen Lebensqualität. Während zu Beginn der Studie nur 38,2 Prozent der am Programm teilnehmenden Personen mit ihrer Lebensqualität zufrieden waren, konnte diese Zahl nach einem Jahr auf 67,8 Prozent erhöht werden. Die Anzahl derer, die über gravierende Einschränkungen ihrer Lebensqualität berichteten, verbesserte sich von anfangs 27,2 Prozent auf 11,3 Prozent nach einem Jahr.

Verbesserung bei Schmerzen

Besonders eindrucksvoll innerhalb der Lebensqualitätsverbesserung war die Verbesserung von körperlichen Schmerzen. Gravierende Einschränkungen durch Schmerzen hatten zu Beginn der Studie 17,3 Prozent und nach einem Jahr nur noch 6,6 Prozent der Teilnehmer. Dies entspricht einer Verringerung von fast 62 Prozent!

Evaluationsstudie des Stoffwechselprogramms metabolic balance®

GESUNDHEITLICHE LEBENSQUALITÄT

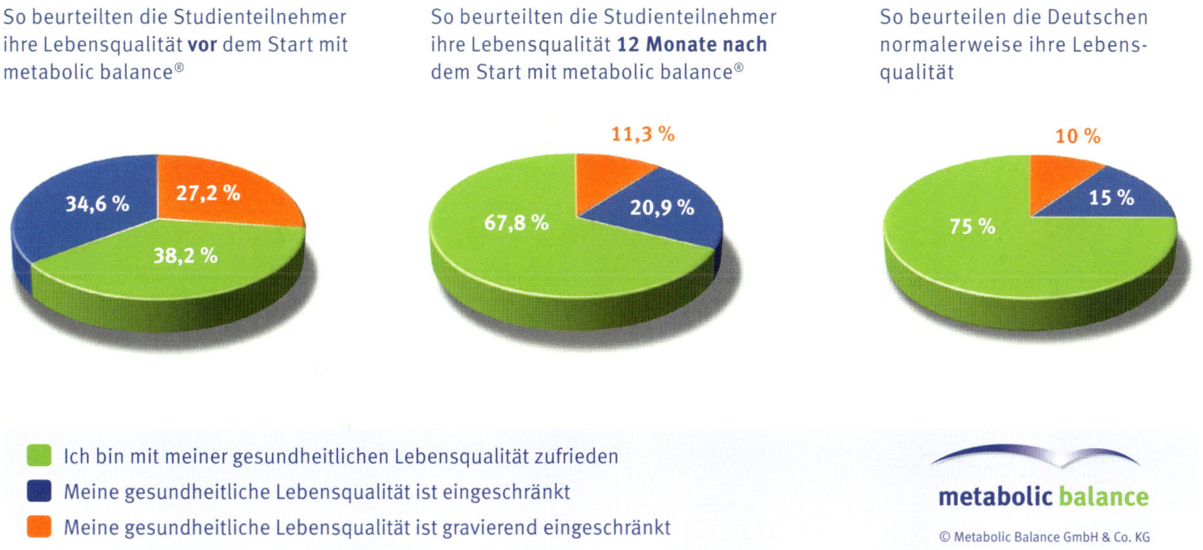

Teilnehmer von metabolic balance®, die sich konsequent an die Grundregeln des Stoffwechselprogramms halten, erfreuen sich einer verbesserten Lebensqualität.

Gewürze und Kräuter regen den Stoffwechsel an.

Abwechslungsreich kochen

Ziel unseres Ernährungskonzeptes ist es, Sie während der vier Phasen des Programms schrittweise zu Ihrem natürlichen Körpergefühl für die richtige Lebensmittelwahl und Essensmenge zu führen. So werden Sie schließlich wieder in der Lage sein, für sich selbst zu entscheiden, welche Lebensmittel für Ihren persönlichen Stoffwechsel erforderlich sind und welche nicht. Entscheidend dabei ist, möglichst naturbelassene und wenig verarbeitete Nahrungsmittel ohne Zusatzstoffe, Geschmacksverstärker und Aromen zu verzehren. Je mehr der acht Grundregeln Sie in den normalen Tagesablauf einbauen, desto leichter ist es, das abgenommene Gewicht und die verbesserte Lebensqualität zu erhalten. Im Grunde gibt es dann keinerlei Lebensmittel mehr, die verboten werden müssen! Im Gegenteil, wir empfehlen, hin und wieder die allseits beliebten »Schlemmermahlzeiten und -tage« einzubauen, damit der Genuss beim Essen nicht zu kurz kommt.
Während der anfänglichen strengen Umstellungsphase hat sich der Körper in seinen Wahrnehmungen so umgestellt, dass er wieder in der Lage ist, auf seine eigenen »inneren Signale« zu hören, die ihm zeigen, welche Lebensmittel im Moment erforderlich sind, um den ausgewogenen Stoffwechsel zu erhalten.
Nach der Verbesserung der Laborwerte, die wir bereits nach einem bis zwei Monaten belegen können, kann die individuell berechnete Lebensmittelliste nicht mehr gelten. Haben Sie jetzt den Mut und das Vertrauen in Ihren Körper, die erforderlichen Lebensmittel wieder selbst zu erspüren. Teilnehmer, die diesen »inneren Signalen« noch nicht ganz vertrauen wollen können sich bei ihrem metabolic-balance®-Betreuer für die Erhaltungsphase einen Folgeplan besorgen. Aus den nachfolgenden Rezepten, können Sie sich für diese vierte Phase Rezepte aussuchen und für Ihre Mahlzeiten zusammenstellen. Genießen Sie Ihr Essen.

Die Rezepte dieses Kochbuches

Die Rezepte in diesem Buch sind in erster Linie für die vierte Phase, die Erhaltungsphase, des metabolic-balance®-Stoffwechselprogramms geschrieben. Die Rezepte führen entgegen der sonst bei metabolic balance® üblichen Art, die Eiweiß- und Gemüseportionen nur als Portion für die individuellen Ernährungspläne anzugeben, konkrete Mengenangaben auf. Diese Mengen sind so berechnet, dass von ihnen jemand, der nicht Gewicht reduzieren will, satt wird. Beobachten Sie Ihr Sättigungsgefühl.

Dieses Kochbuch können aber auch Teilnehmer benutzen, die sich in der strengen Phase des Programms befinden und ihr Gewicht reduzieren wollen. Halten Sie sich dann selbstverständlich an die auf Ihrem individuellen Ernährungsplan angegebenen Gewichtsangaben für Gemüse und Eiweiß sowie auf die Ihnen empfohlenen Lebensmittel. Beim Gemüse bietet es sich an, mit einer Gemüseart zu beginnen und die anderen Arten dazuzuwiegen. Das Gelingen der Rezepte hängt nicht von der Zusammenstellung der Gemüsearten ab.

Verzichten Sie in der strengen Phase auf Fett und bereiten Sie die passenden Rezepte ohne Butter und Öl zu. Letztendlich geht es ja darum, die eigene Fähigkeit zu entwickeln, in der Küche kreativ zu sein und sich abwechslungsreich und gesund zu ernähren. Für die gelockerte Phase achten Sie darauf, dass Sie mindestens 3 Esslöffel Öl, höchstens 5 Esslöffel Öl am Tag verwenden.

Tipps für die Küchenpraxis

• Würzen Sie nach Ihrem Geschmack. Sie dürfen ruhig mehr oder weniger Gewürze verwenden. Wichtig ist nur, dass die Gewürze natürlich und frei von Aromen und Geschmacksverstärkern sind. Es gibt auch wunderbare Gewürzmischungen, die frei sind von diesen Stoffen. Kräuter dürfen Sie in unbegrenzter Menge verwenden, ebenso Knoblauch.

• In fast allen Rezepten steht Pfeffer aus der Mühle. Wer es aromatischer mag, gibt eine Mischung von 150 Gramm schwarzem Pfeffer und je 20 Gramm Kümmel, Senfkörnern und Pimentkörnern in die Pfeffermühle. Oder Sie stellen sich eigene Mischungen zusammen.

• Blanchieren Sie das Gemüse, um es weich zu bekommen. Blanchieren bedeutet, dass man Gemüse für kurze Zeit in kochendes Wasser gibt, damit es kurz garen und dadurch weicher bzw. bekömmlicher werden kann. Nach dem Blanchieren hebt man das Gemüse wieder aus dem Wasser und verarbeitet es weiter. Soll der Garprozess abrupt unterbrochen werden, legt man das Gemüse in ein Sieb und taucht es kurz in eiskaltes Wasser. Bei Tomaten reicht es aus, sie mit kochendem Wasser zu überbrühen, will man sie von ihrer dünnen Haut befreien.

• Nutzen Sie beim Kochen nach Möglichkeit eine Eisenpfanne für die Zubereitung der Gerichte. Eine Eisenpfanne lässt sich sehr gut erhitzen und sie enthält im Gegensatz zu beschichteten Pfannen keine Schicht, die man durch falsche Handhabung weder zerkratzen oder ablösen kann.

• Verzichten Sie allzeit auf eine Mikrowelle. Eine Mikrowelle ermöglicht eine unnatürliche Art, Lebensmittel zu garen, die wir von metabolic balance® nicht befürworten. Bitte erwärmen Sie darin auch kein Essen.

• Wenn Sie gerne Kuchen backen, ändern Sie Ihre eigenen Rezepte etwas ab. Damit die Rezepte gesünder werden, nehmen Sie Dinkelmehl Type 630. Verwenden Sie Rohrohrzucker und nehmen Sie 30 bis 50 Prozent weniger Zucker. Butter können Sie 1:1 durch Rapsöl ersetzen. Beim Mürbteig immer Butter statt Margarine nehmen.

• Und denken Sie daran: Wenn Sie selbst kochen, investieren Sie sehr viel Liebe und Energie in Ihre Mahlzeit, die auch auf Ihren Teller kommen wird.

• Nutzen Sie dieses Koch- und Backbuch als Ideenbuch und entwickeln Sie daraus eigene Rezepte. Kochen ist Routine und Übung, je öfter Sie die Gerichte kochen, desto besser werden sie Ihnen gelingen. Auch beim Backen kann man schnell Routine entwickeln.

• Kochen Sie nach dem Grundsatz von metabolic balance®: natürliche Nahrungsmittel mit natürlichen Gewürzen und Kräutern natürlich zubereiten.

Das Rezept für die
Balsamico-Erdbeeren mit Hüttenkäse
finden Sie auf Seite 19.

Tagesstart

Frühstücksideen für viel Power

Das Rezept für den Papaya-Soja-Shake finden Sie auf Seite 33.

Warmer Haferbrei

Für 1 Portion

5 Aprikosen (Marillen)

200 ml Vollmilch

50 g Haferflocken

1 EL Marillenkernöl (Aprikosenkernöl)

servierfertig in 15 Minuten

1 Aprikosen waschen, halbieren und die Steine entfernen.

2 Aprikosenhälften in einen Topf geben. 40 Milliliter Wasser dazugeben, erhitzen und zugedeckt 1 Minute dünsten lassen.

3 Milch zufügen und kurz aufkochen lassen. Haferflocken einrühren. Den Brei mit dem Marillenkernöl verfeinern und 5 Minuten quellen lassen.

Tipp **Die Mahlzeit mit einem Schluck Milch als Eiweißbissen beginnen.**

Tipp **Man kann auch andere Obstarten mit dem Haferbrei zubereiten.**

Info **Beim Einkauf kleine Flaschen Öl bevorzugen und dabei möglichst kalt gepresstes Öl aus erster Pressung wählen. So hat man immer frisches Öl vorrätig. Öl ist ein wertvoller Träger der fettlöslichen Vitamine A, D, E und K. Viele Kräuter und Gewürze entwickeln erst mit Öl ihr volles Aroma.**

Balsamico-Erdbeeren mit Hüttenkäse

1 Erdbeeren verlesen, waschen, putzen und klein schneiden. Chicorée halbieren, den Strunk entfernen und den Spross in Streifen schneiden.

2 Erdbeeren und Chicoréestreifen mit Salz, Pfeffer, Essig und Rapsöl würzen.

3 Den Hüttenkäse über die gewürzte Obst-Gemüse-Mischung geben.

Tipp **Die Mahlzeit mit etwas Hüttenkäse als Eiweißbissen beginnen.**

Für 1 Portion

100 g Erdbeeren
120 g Chicorée
Steinsalz
grüner Pfeffer aus der Mühle
1 TL Aceto balsamico
1 EL Rapsöl
100 g Hüttenkäse

servierfertig in 5 Minuten

Foto siehe Seite 16

Aprikosentofu

1 Aprikosen grob zerkleinern. Mit kochendem Wasser übergießen und 10 Minuten quellen lassen. Aprikosen auf ein Sieb geben und das abtropfende Wasser auffangen.

2 Tofu mit den Fingern zerkrümeln und in ein hohes Gefäß geben. Aprikosen zum Tofu geben. Das Sonnenblumenöl zufügen und alles mit einem Stabmixer fein mixen. Sollte die Masse zu dick werden, etwas von dem Aprikosenwasser dazugeben. Mit dem Lebkuchengewürz würzen.

Für 1 Portion

35 g getrocknete Aprikosen
80 g Tofu natur (feste Konsistenz)
1 TL Sonnenblumenöl
½ TL Lebkuchengewürz

servierfertig in 15 Minuten

Avocadocreme

1 Möhre waschen, schälen und in grobe Stücke schneiden. Das Fruchtfleisch der Avocado vom Kern lösen. Apfel waschen, schälen und in Spalten schneiden.

2 Gemüse, Apfel und Schnittlauchröllchen in einen Zerkleinerer geben und würzen. Öl und Essig dazugeben und alles mixen, bis eine cremige Masse entstanden ist.

Tipp Noch beinhaltet die Creme kein Eiweiß. Man kann nun entweder 1 Portion Körner- oder Mandelmischung (bis auf einen Happen, der als Eiweißportion vorab gegessen wird) dazugeben und gleich mitmixen, dann erhält man eine komplette Mahlzeit. Oder, wenn man diese eiweißhaltige Körnermischung weglässt, kann man 1 Portion Schinken, gebratenes Geflügelfleisch oder Hüttenkäse zu der Creme essen.

Info Verzehrreife Avocados werden mit dem Hinweis »eat me« angeboten. Um das Fruchtfleisch aus der Schale zu lösen, schneidet man eine Avocado der Länge nach bis auf den Kern ringsum ein und dreht dann die Hälften gegeneinander. Wird nur eine Hälfte sofort zubereitet, deckt man die andere Hälfte samt Kern mit Frischhaltefolie ab und legt die Frucht bis zum nächsten Tag in den Kühlschrank. Angeschnittene Avocados laufen bräunlich an – dieses ist aber natürlich und normal, denn ihr Fruchtfleisch oxidiert, wenn es mit Sauerstoff in Verbindung kommt. Bleibt der Kern jedoch am Fruchtfleisch, wird dieser Prozess verzögert.

Für 1 Portion

30 g Möhre
80 g Avocado
1 Apfel
1 EL Schnittlauchröllchen
Steinsalz
Pfeffer aus der Mühle
Knoblauchgranulat
getrocknete Paprikaflocken
Chilipulver
2 EL Olivenöl
1 EL Bio-Apfelessig

servierfertig in 10 Minuten

Auf dem Foto sehen Sie auch das Möhrenmüsli von Seite 23.

Fenchel-Apfel-Salat mit Körnermischung

Für 1 Portion

100 g Fenchel
1 Apfel
5 TL Körnermischung
Kräutersalz
gemahlener Koriander
gemahlener Kreuzkümmel
1 TL Bio-Apfelessig
2 EL Marillenkernöl (Aprikosenkernöl)

servierfertig in 15 Minuten

Foto siehe Seite 24 oben

1 Fenchel waschen, putzen und in so dünne Streifen wie möglich schneiden – eventuell dazu eine Brot- oder Aufschnittmaschine benutzen.

2 Apfel waschen, Kerngehäuse entfernen und das Fruchtfleisch in schmale Spalten schneiden.

3 Fenchel, Apfel und Körnermischung mit Kräutersalz, Koriander und Kreuzkümmel würzen. Apfelessig und Marillenkernöl untermischen.

4 Den Fenchel-Apfel-Salat etwa 10 Minuten ziehen lassen.

Info **Die Körnermischung besteht aus Kürbiskernen und Sonnenblumenkernen. Sie ist reich an pflanzlichem Eiweiß, weshalb man die Mahlzeit mit ein paar Körnern als Eiweißbissen beginnen sollte.**

Möhrenmüsli

1 Möhre waschen, putzen, schälen und fein raspeln. Haselnusskerne grob hacken.

2 Haferflocken mit Möhre und Nüssen mischen. Mit Zimt würzen.

3 Die Milch unter die Masse rühren. Haselnussöl dazugeben und ebenfalls unterrühren.

Tipp **Die Mahlzeit mit einem Schluck Milch als Eiweißbissen beginnen.**

Tipp **Das Müsli wird noch leckerer, wenn man es am Vorabend zubereitet und über Nacht ziehen lässt.**

Info **Statt Haferflocken eignen sich auch andere hochwertige Kohlenhydrate wie Dinkelflocken, Hirseflocken oder Reisflocken für die Zubereitung dieses saftigen Müslis.**

Für 1 Portion

100 g Möhre
6 Haselnusskerne
40 g Haferflocken
1 Prise Zimt
210 ml Milch
1 EL Haselnussöl

servierfertig in 15 Minuten

Foto siehe Seite 20 oben

Borlotti-Leberwurst

1 Zwiebeln abziehen und in feine Würfel schneiden. Einen Topf mit dem Rapsöl erhitzen und die Zwiebelwürfel darin ohne Farbe anschwitzen lassen.

2 Majoran zwischen den Fingern etwas zerreiben, damit sich die ätherischen Öle entfalten können, und in den Topf geben.

3 Bohnen dazugeben und salzen. 1 Esslöffel Wasser dazugießen und leicht einkochen lassen.

4 Den Topfinhalt mit einem Stabmixer mixen. Es sollte eine feste Masse entstehen. Ist sie zu fest, noch etwas Wasser nachgießen. Mit Essig, Salz und Pfeffer würzen.

5 Roggenbrotscheiben mit Senf bestreichen und darauf die »Leberwurst« verteilen. Mit Essiggurken belegen.

Tipp **Vorab ein paar Borlottibohnen zur Seite legen und die Mahlzeit damit als Eiweißbissen beginnen.**

Tipp **Statt Borlottibohnen weiße Bohnen oder Kidneybohnen zu Mus verarbeiten.**

Für 1 Portion

30 g Zwiebeln
2 EL Rapsöl
1 EL getrockneter Majoran
120 g Borlottibohnen, gegart (Dose)
Steinsalz
1 EL Bio-Apfelessig
schwarzer Pfeffer aus der Mühle
2 Scheiben Roggenvollkornbrot
1 TL Senf
2 Essiggurken

servierfertig in 15 Minuten

Auf dem Foto sehen Sie auch den Fenchel-Apfel-Salat von Seite 22.

Powerschnitte mit Spiegelei

Für 1 Portion

1 kleine Tomate
½ Avocado
1 Stück Salatgurke
1 EL Schnittlauchröllchen
Kräutersalz
schwarzer Pfeffer aus der Mühle
2 EL Olivenöl
1 EL Bio-Apfelessig
2 Scheiben Roggenvollkornbrot
2 EL Rapsöl
2 Eier

servierfertig in 15 Minuten

1 Tomate waschen und in Scheiben schneiden. Das Fruchtfleisch der Avocado in Scheiben schneiden. Salatgurke waschen, putzen, schälen und ebenfalls in Scheiben schneiden.

2 Tomate, Avocado, Salatgurke und Schnittlauchröllchen miteinander vermischen und mit Kräutersalz, Pfeffer, Olivenöl und Apfelessig würzen.

3 Brotscheiben auf einen Teller legen und die Gemüsemischung darauf verteilen.

4 Eine Pfanne mit dem Rapsöl erhitzen und die Eier darin zu Spiegeleiern braten.

5 Die Spiegeleier auf die belegten Brote geben und servieren.

Tipp **Die Mahlzeit mit etwas Ei als Eiweißbissen beginnen.**

Tipp **Noch schneller geht es, wenn man Rührei statt Spiegeleier macht.**

Würziger Joghurt

Für 1 Portion

50 g Möhre

50 g Staudenselleriеherzen (innere Blätter)

1 Birne

2 Blätter Pfefferminze

200 g Naturjoghurt (3,8 % Fett)

1 EL Marillenkernöl (Aprikosenkernöl)

Steinsalz

Pfeffer aus der Mühle

servierfertig in 10 Minuten

1 Möhre waschen, schälen, putzen und in grobe Stücke schneiden. Staudensellerieherzen waschen.

2 Birne schälen, vierteln und das Kerngehäuse entfernen. Pfefferminzblätter waschen und trockentupfen.

3 Möhre, Sellerie, Birne und Pfefferminze in einen hohen Becher geben. Die Hälfte des Joghurt und das Öl dazugeben. Mit Salz und Pfeffer würzen. Alles zu einer geschmeidigen Paste mixen.

4 Von dem restlichen Joghurt einen Happen abnehmen und beiseitestellen. Den restlichen Joghurt unter die Paste ziehen.

Tipp **Die Mahlzeit mit dem beiseitegestellten Joghurt beginnen.**

Tipp **Beim Kauf von Joghurt darauf achten, dass kein fettreduzierter Joghurt in den Einkaufskorb gelegt wird. Fettreduzierter Joghurt wird mit Verdickungsmittel (z. B.Weizenstärke) versetzt, um cremiger zu erscheinen. Statt Naturjoghurt kann man auch Soja-, Schafs- oder Ziegenjoghurt bzw. griechischen Joghurt wählen.**

Körnermischung mit Saisongemüse

1 Roggenvollkornbrot in kleine Würfel schneiden. Eine Pfanne ohne Fett erhitzen und Sonnenblumenkerne, Kürbiskerne und Brotwürfel darin rösten. Die Mischung auf einen Teller geben und beiseitestellen.

2 Spargel waschen, nach Bedarf nur im unteren Viertel schälen und am Ende frisch anschneiden. Die Stangen in Stücke schneiden. Frühlingszwiebel waschen, putzen und der Länge nach halbieren.

3 Rapsöl in der Pfanne erhitzen, das Gemüse dazugeben und unter gelegentlichem Wenden 5 Minuten braten. Mit Salz und Pfeffer würzen.

4 Das Gemüse auf einem Teller anrichten und mit den gerösteten Körnern bestreuen.

5 Petersilie waschen, die Blätter abzupfen und mit dem Marillenkernöl über das Gericht geben.

Tipp **Die Mahlzeit mit ein paar Körnern als Eiweißbissen beginnen.**

Tipp **Gemüse verwenden, das frisch auf dem Markt oder erntereif im Garten ist. Im Herbst Kürbis, Pfifferlinge oder Steinpilze auf diese Weise zubereiten.**

Für 1 Portion

2 Scheiben Roggenvollkornbrot
5 TL Sonnenblumenkerne
5 TL Kürbiskerne
100 g grüner Spargel
50 g Frühlingszwiebel
2 EL Rapsöl
Steinsalz
Pfeffer aus der Mühle
1 Bund Petersilie
1 EL Marillenkernöl (Aprikosenkernöl)

servierfertig in 15 Minuten

Sellerieröstі mit Mandeln

1 Eine Pfanne ohne Fett erhitzen und die Mandeln und Sonnenblumenkerne darin rösten. Die Mischung auf ein Arbeitsbrett geben, abkühlen lassen und grob hacken.

2 Knollensellerie waschen, putzen, schälen und grob raspeln.

3 Eine Pfanne mit dem Rapsöl erhitzen und die Sellerieraspel darin mit Farbe anbraten. Die Mandelmischung dazugeben und mit Salz und Pfeffer würzen. Während des Bratens die Masse mit einem Spachtel zusammenschieben, sodass ein Rösti entstehen kann. Wenden und auf der zweiten Seite kurz braten.

4 Rösti auf einem Teller anrichten und mit Petersilie bestreuen.

Tipp **Die Mahlzeit mit ein paar Mandeln oder Sonnenblumenkernen als Eiweißbissen beginnen. Wer mag, legt sich welche vor der Zubereitung extra dafür zur Seite.**

Für 1 Portion

3 TL Mandeln
5 TL Sonnenblumenkerne
100 g Knollensellerie
2 EL Rapsöl
Steinsalz
Pfeffer aus der Mühle
1 EL frisch gehackte Petersilie

servierfertig in 15 Minuten

Pfirsich-Mandel-Milch

Für 1 Portion

60 g ganze Mandeln mit Schale

40 g Sonnenblumenkerne

1 Pfirsich

2 Blätter Pfefferminze

2 EL Marillenkernöl (Aprikosenkernöl)

Steinsalz

300 ml Wasser

servierfertig in 20 Minuten nach Einweichen über Nacht

1 Mandeln und Sonnenblumenkerne in eine kleine Schüssel geben, mit kaltem Wasser bedecken und über Nacht einweichen.

2 Am nächsten Tag das Einweichwasser abgießen und die Körnermischung abspülen.

3 Pfirsich waschen, putzen, den Stein entfernen und das Fruchtfleisch in grobe Stücke schneiden. Pfefferminzblätter kurz abspülen und in grobe Stücke zupfen.

4 Eingeweichte Körnermischung, Pfirsich, Pfefferminzblätter und Marillenkernöl in einen Mixer geben und mit einer Prise Salz würzen. 300 Milliliter Wasser dazugießen und alles mixen, bis eine sämige Milch entstanden ist.

Tipp **Vor der Zubereitung ein paar Mandeln zur Seite legen und die Mahlzeit damit als Eiweißbissen beginnen.**

Info **Mixt man das Marillenkernöl mit den eingeweichten Mandeln und dem Wasser, ergibt sich eine Emulsion, die ähnlich wie Milch aussieht, aber eben nur mit Wasser hergestellt wurde und damit nur eine Eiweißart enthält.**

Papaya-Soja-Shake

1 Papaya schälen, Samen entfernen und das Fruchtfleisch in Würfel schneiden.

2 Papaya, Sojamilch und Sojaflocken in ein hohes Gefäß geben. Mit Ingwerpulver würzen und mit einem Stabmixer mixen.

Tipp **Die Mahlzeit mit einem extra Schluck Sojamilch beginnen.**

Für 1 Portion

180 g Papaya

200 ml Sojamilch

40 g Sojaflocken

1 Messerspitze Ingwerpulver

servierfertig in 10 Minuten

Foto siehe Seite 17

Mango-Frühlingszwiebel-Ragout

1 Das Fruchtfleisch der Mango in Würfel schneiden. Frühlingszwiebel waschen, putzen und in feine Ringe schneiden.

2 Mango, Frühlingszwiebel und Koriandergrün in eine Schüssel geben und kräftig würzen.

Tipp **Das Ganze kann auch püriert werden und ist dann eher eine Sauce. Das Ragout schmeckt lecker zu gebratener Putenbrust, Schinken oder Schweinelendchen.**

Für 1 Portion

160 g Mango

1 Frühlingszwiebel

1 EL frisch gehacktes Koriandergrün

Steinsalz

Chilipulver

Kreuzkümmel

Piment

servierfertig in 10 Minuten

Das Rezept für den
Chilieintopf mit Bohnen
finden Sie auf Seite 36.

Lunchpaket

Mahlzeiten für unterwegs

Das Rezept für den Rindfleischsalat »Teufels Art« finden Sie auf Seite 46.

Chilieintopf mit Bohnen

Für 1 Portion

100 g Paprikaschote
30 g Zwiebeln
1 Knoblauchzehe
50 g Mais (Dose)
2 EL Sonnenblumenöl
1 getrocknete Chilischote
1 EL Tomatenmark
100 g Tomatenstücke (Dose)
200 g Kidneybohnen, gegart (Dose)
Steinsalz
1 TL Bio-Apfelessig

servierfertig in 30 Minuten

Foto siehe Seite 34

1 Paprikaschote waschen, putzen und in kleine Würfel schneiden. Zwiebeln und Knoblauch abziehen und fein hacken. Mais abtropfen lassen.

2 Einen Topf mit dem Sonnenblumenöl erhitzen und Zwiebeln, Paprika, Knoblauch und Chilischote darin leicht anbraten. Tomatenmark dazugeben und mitbraten.

3 Tomatenstücke, Mais und Kidneybohnen dazugeben, salzen und den Eintopf 15 Minuten leicht köcheln lassen. Mit Apfelessig abschmecken.

Tipp **Die Mahlzeit mit ein paar Kidneybohnen als Eiweißbissen beginnen.**

Tipp **Zwei Portionen kochen und eine als Lunchpaket mitnehmen. Kalt oder warm genießen, aber nicht in der Mikrowelle erwärmen!**

Tipp **Statt der Kidneybohnen kann man auch Rinderhackfleisch verwenden. Dazu das Hackfleisch anbraten und statt der Bohnen zum scharfen Gemüse geben.**

Gekochte Eier auf Gemüse-Kartoffel-Salat

Für 1 Portion

2 Eier
80 g Möhre
80 g Kohlrabi
80 g Frühlingszwiebel
Steinsalz
Pfeffer aus der Mühle
Muskatblüte
200 g Pellkartoffeln vom Vortag
1 Apfel
1–2 EL Bio-Apfelessig
1–2 EL Mayonnaise (siehe Seite 82)
1 EL frisch gehackter Kerbel

servierfertig in 30 Minuten

1 Eier mit einem Eipikser anstechen, in kochendes Wasser legen und in 8 Minuten wachsweich kochen.

2 Möhre und Kohlrabi waschen, putzen, schälen und würfeln. Frühlingszwiebel waschen, putzen und in Ringe schneiden.

3 Das Gemüse mit 2 Zentiliter Wasser (kleines Schnapsglas) in einen Topf geben, erhitzen und zugedeckt 3 Minuten dünsten. Mit Salz, Pfeffer und Muskatblüte würzen. Das gedünstete Gemüse in eine Schüssel geben und auskühlen lassen.

4 Kartoffeln pellen und in Scheiben schneiden. Apfel waschen, vierteln, das Kerngehäuse entfernen und das Fruchtfleisch in Würfel schneiden. Alles zum Gemüse in die Schüssel geben und mit Apfelessig, Salz, Pfeffer und Mayonnaise abschmecken.

5 Zum Mitnehmen Salat in eine Frischhaltebox geben. Mit Kerbel bestreuen.

6 Die gekochten Eier pellen, vierteln und auf den Salat legen.

Tipp **Die Mahlzeit mit etwas Ei als Eiweißbissen beginnen.**

Pastinaken-Kokos-Suppe mit Tofucroûtons

Für 1 Portion

150 g Pastinake
30 g Schalotten
1 EL Rapsöl
Steinsalz
Pfeffer aus der Mühle
mildes oder scharfes Chilipulver
200 ml Kokosmilch

Für die Tofucroûtons

100 g Naturtofu
2 EL Rapsöl
1 EL Sojasauce
1 TL geröstetes Sesamöl

servierfertig in 20 Minuten

1 Für die Suppe Pastinake waschen, putzen, schälen und fein schneiden. Schalotten abziehen und in Würfel schneiden.

2 Einen Topf mit dem Rapsöl erhitzen und die Schalotten darin anbraten. Die Pastinake dazugeben und mitbraten. Mit Salz, Pfeffer und Chilipulver würzen.

3 Kokosmilch dazugießen und alles 10 Minuten köcheln lassen.

4 Den Topfinhalt mit einem Stabmixer pürieren und abschmecken. Eventuell noch etwas Wasser dazugeben, wenn die Suppe zu dick ist.

5 Für die Croûtons Tofu trockentupfen und in kleine Würfel schneiden. Eine Pfanne mit dem Rapsöl erhitzen und die Tofuwürfel darin goldbraun braten. Mit Sojasauce ablöschen und einkochen lassen. Zum Schluss Sesamöl darübergeben. Die Tofucroûtons auf Küchenpapier abtropfen lassen.

Tipp **Um sie zu transportieren, die Suppe in eine Thermoskanne füllen und die Croûtons separat mitnehmen.**

Tipp **Die Mahlzeit mit einigen Tofucroûtons als Eiweißbissen beginnen.**

Kidneybohnensalat

Für 1 Portion

200 g rote Kidneybohnen (Glas)
50 g Schalotten
100 g Gewürzgurken
100 g Staudenselleriehherzen
1 Birne
1 TL Currypulver
Steinsalz
Pfeffer aus der Mühle
2 EL Birnen- oder Apfelessig
2 EL Walnussöl

servierfertig in 15 Minuten

1 Kidneybohnen in ein Sieb schütten, abspülen und abtropfen lassen. Die Bohnen in eine Schüssel geben.

2 Schalotten abziehen und fein würfeln. Gewürzgurken und Sellerie in kleine Würfel schneiden. Birne waschen, vierteln, das Kerngehäuse entfernen und das Fruchtfleisch ebenfalls würfeln.

3 Die geschnittenen Zutaten zu den Bohnen in die Schüssel geben und vermengen. Mit Currypulver, Salz und Pfeffer würzen. Essig, Öl und nach Bedarf noch 2 Esslöffel Wasser dazugeben. Alles gut vermischen.

4 Zum Mitnehmen den Kidneybohnensalat in einer Frischhaltebox anrichten.

Tipp **Die Mahlzeit mit einigen Kidneybohnen als Eiweißbissen beginnen.**

Info **Staudenselleriehherzen sind die kleinen gelben Blätter im Inneren der verdickten Blattstiele des Bleichselleries.**

Romadur süßsauer

1 Die Rotschmiere des Romadurs durch Abschaben mit einem Messer entfernen. Den Käse in Scheiben schneiden.

2 Obst und Gemüse nach Bedarf waschen und putzen. Radieschen und Birne in Scheiben, Frühlingszwiebel in Röllchen schneiden. Kresse waschen und abtropfen lassen. Senfgurke in Scheiben schneiden.

3 Alles in einer Schüssel vermengen und kräftig würzen. Birnenessig und Haselnussöl untermischen.

4 Zum Mitnehmen den Käsesalat in einer Frischhaltebox anrichten.

Tipp **Die Mahlzeit mit etwas Romadur als Eiweißbissen beginnen.**

Tipp **Zu dem süßsauer gewürzten Käse passen Pellkartoffeln besonders gut.**

Info **Je länger der Salat durchzieht, desto besser wird er. Deshalb bietet es sich an, am Abend zwei Portionen zuzubereiten und eine als Lunchpaket am nächsten Tag mitzunehmen.**

Für 1 Portion

150 g Romadur
50 g Radieschen
1 Birne
50 g Frühlingszwiebel
50 g Kresse
50 g eingelegte Senfgurke
Steinsalz
Pfeffer aus der Mühle
Currypulver
Kreuzkümmel
2 EL Birnenessig
2 EL Haselnussöl

servierfertig in 15 Minuten

Radicchio-Walnuss-Gorgonzola-Salat mit gebratenem Apfel

1 Apfel waschen, Kerngehäuse entfernen und das Fruchtfleisch in Spalten schneiden. Walnüsse grob hacken.

2 Eine Pfanne mit 1 Esslöffel Rapsöl erhitzen und die Apfelspalten darin anbraten. Walnüsse dazugeben, mit Honig beträufeln und kurz weiterbraten. Auf einen Teller zum Abkühlen geben.

3 Radicchio waschen, putzen und in Streifen schneiden. Den Gorgonzola in Stücke schneiden.

4 Zum Mitnehmen Radicchio in eine Frischhaltedose legen. Darauf den Käse und zum Schluss die Apfel-Nuss-Mischung geben.

5 Für das Dressing 2 Esslöffel Rapsöl, Apfelessig, Senf, Salz und Pfeffer in ein sauberes Schraubglas geben.

Tipp **Das Dressing in dem Schraubglas erst kurz vor dem Verzehr kräftig schütteln. So kann es im Büro schön cremig über den Salat gegeben werden.**

Tipp **Die Mahlzeit mit etwas Käse als Eiweißbissen beginnen.**

Für 1 Portion

1 Apfel
5 Walnüsse
3 EL Rapsöl
1 TL Honig
160 g Radicchio
100 g Gorgonzola
1 EL Bio-Apfelessig
1 TL milder Senf
Steinsalz
Pfeffer aus der Mühle

servierfertig in 15 Minuten

Hähnchencurry

Für 1 Portion

160 g Möhre

1 Knoblauchzehe

150 g Hähnchenbrust ohne Haut

2 EL Sonnenblumenöl

1 EL rote Currypaste

200 ml Kokosmilch

Steinsalz

servierfertig in 15 Minuten

1 Möhre waschen, putzen, schälen und in feine Scheiben schneiden. Knoblauch abziehen und hacken.

2 Hähnchenbrust unter fließendem kaltem Wasser waschen, mit Küchenkrepp trockentupfen und in 2 Zentimeter große Stücke schneiden.

3 Einen Topf mit dem Sonnenblumenöl erhitzen und Knoblauch und Currypaste darin anbraten. Hähnchenfleisch und Möhre dazugeben. Alles kurz braten.

4 Kokosmilch dazugießen und einmal aufkochen. Die Hitzezufuhr reduzieren und das Hähnchencurry 10 Minuten köcheln lassen. Mit Salz würzen.

5 Zum Mitnehmen das Hähnchencurry in einen Thermosbehälter geben.

Tipp **Die Mahlzeit mit etwas Hähnchenbrust als Eiweißbissen beginnen.**

Rindfleischsalat »Teufels Art«

Für 1 Portion

200 g gekochter Tafelspitz (siehe Seite 58)

50 g Schalotten

100 g rote Paprikaschote

50 g Gewürzgurke

1 Tomate

1 Apfel

2 EL Schnittlauchröllchen

Steinsalz

Pfeffer aus der Mühle

Senfmehl

Chilipulver

Currypulver

2 EL Bio-Apfelessig

2 EL Marillenkernöl (Aprikosenkernöl)

servierfertig in 15 Minuten

Foto siehe Seite 35

1 Tafelspitz erst in dünne Scheiben und dann in Streifen schneiden.

2 Schalotten abziehen und in Streifen schneiden. Paprikaschote waschen, putzen und in Streifen schneiden. Gewürzgurke ebenso in Streifen schneiden.

3 Tomate blanchieren, häuten und Kerne entfernen. Apfel waschen und putzen. Beides in Streifen schneiden.

4 Alle vorbereiteten Zutaten mit dem Schnittlauch in eine Schüssel geben. Mit Salz, Pfeffer, Senfmehl, Chili- und Currypulver kräftig würzen. Apfelessig und Marillenkernöl zugießen und alles miteinander vermengen.

5 Zum Mitnehmen den Salat in einer Frischhaltebox anrichten.

Tipp **Die Mahlzeit mit etwas Rindfleisch als Eiweißbissen beginnen.**

Tipp **Statt Tafelspitz gebratenes Puten- oder Hähnchenfleisch so zubereiten.**

Tofusalat

1 Tofu in schmale Streifen schneiden. Schalotten abziehen und in Würfel schneiden.

2 Salatgurke waschen, putzen, schälen und ebenfalls würfeln. Radieschen waschen, putzen und in Scheiben schneiden. Frühlingszwiebel waschen, putzen und in feine Ringe schneiden.

3 Apfel waschen, vierteln, Kerngehäuse entfernen und das Fruchtfleisch in Würfel schneiden.

4 Tofu, Schalotten, Salatgurke, Radieschen, Frühlingszwiebel und Apfel miteinander vermischen und mit Senfmehl, Salz und Pfeffer würzen. Essig und Öl dazugeben und unterrühren.

5 Zum Mitnehmen den Salat in einer Frischhaltebox anrichten und mit Schnittlauchröllchen bestreuen.

Tipp **Am Abend vorher zubereiten, dann kann der Salat schön durchziehen.**

Tipp **Die Mahlzeit mit etwas Tofu als Eiweißbissen beginnen.**

Für 1 Portion

150 g geräucherter Tofu
50 g Schalotten
100 g Salatgurke
50 g Radieschen
50 g Frühlingszwiebel
1 Apfel
1 Messerspitze Senfmehl
Steinsalz
schwarzer Pfeffer aus der Mühle
2 EL Bio-Apfelessig
2 EL Marillenkernöl (Aprikosenkernöl)
1 EL Schnittlauchröllchen

servierfertig in 10 Minuten

Thunfischsandwich

Für 1 Portion

150 g Thunfisch ohne Öl (Dose)
½ Avocado
50 g Rucola
1 Frühlingszwiebel
½ Knoblauchzehe
5 schwarze Oliven
5 Kapern
1 EL Olivenöl
Steinsalz
schwarzer Pfeffer aus der Mühle
mildes Chilipulver
2 Blätter Blattsalat
2 Scheiben Roggenvollkornbrot

servierfertig in 15 Minuten

1 Thunfisch abgießen. Das Fruchtfleisch der Avocado aus der Schale lösen. Rucola waschen, mit Küchenkrepp trockentupfen und die Stiele frisch anschneiden. Frühlingszwiebel waschen, putzen und in Ringe schneiden. Knoblauch abziehen und fein hacken.

2 Thunfisch, Avocado, Rucola, Frühlingszwiebel, Oliven, Kapern und Öl in einen Zerkleinerer geben und aufmixen. Mit Salz, Pfeffer, Chilipulver und Knoblauch würzen.

3 Salatblätter nach Bedarf waschen und trockentupfen.

4 Ein Salatblatt auf eine Brotscheibe legen und den Thunfischaufstrich darauf verstreichen. Das zweite Salatblatt auflegen und etwas andrücken. Die zweite Brotscheibe darauf platzieren.

5 Zum Mitnehmen das Sandwich in eine Frischhaltebox legen.

Tipp **Die Mahlzeit mit etwas Thunfisch als Eiweißbissen beginnen.**

Tipp **Die Thunfischmasse sollte beim Pürieren sehr kompakt werden, damit sie nicht vom Brot rutscht. Die Salatblätter verhindern das Durchweichen der Brote.**

Das Rezept für den
Lachs auf Mangoldgemüse
finden Sie auf Seite 71.

Hauptmahlzeiten

Abwechslung auf dem Teller

Das Rezept für die Fasanenbrust mit gebratener Avocado finden Sie auf Seite 52.

Fasanenbrust mit gebratener Avocado und Steinpilzen

Für 1 Portion

200 g Fasanenbrust
Steinsalz
schwarzer Pfeffer aus der Mühle
2 EL Rapsöl
1 Zweig Thymian
100 g Avocado
100 g Steinpilze
50 g Schalotten
1 EL Walnussöl

servierfertig in 30 Minuten

Foto siehe Seite 51

1 Fasanenbrust waschen und trockentupfen. Mit Salz und Pfeffer würzen. Eine Pfanne mit 1 Esslöffel Rapsöl erhitzen und die Fasanenbrust darin auf der Hautseite anbraten. Thymianzweig auflegen und das Fleisch zugedeckt bei schwacher Hitze 10 Minuten ziehen lassen.

2 Avocado halbieren und den Kern entfernen. Das Fruchtfleisch aus der Schale lösen und längs in Scheiben schneiden. Steinpilze putzen und klein schneiden. Schalotten abziehen und in Würfel schneiden.

3 Das Fleisch aus der Pfanne nehmen und im Backofen bei 100 °C warm halten.

4 Das restliche Rapsöl in der Pfanne erhitzen und Avocado, Steinpilze und Schalotten darin anbraten. Mit Salz und Pfeffer würzen.

5 Das Avocado-Steinpilz-Gemüse auf einem Teller anrichten. Die Fasanenbrust in Scheiben schneiden und darauflegen. Mit dem Walnussöl beträufeln.

Tipp **Die Mahlzeit mit etwas Fasanenbrust als Eiweißbissen beginnen.**

Tipp **Steinpilze nicht waschen, sondern nur trocken abreiben und eventuell schlechte Stellen mit einem Messer entfernen. Pilze saugen sich beim Waschen mit Wasser voll und verlieren ihre feste Konsistenz.**

Hähnchenbrust auf Senfmöhren

1 Hähnchenbrust waschen und trockentupfen. Mit Salz und Pfeffer würzen. Möhren waschen, putzen und schälen und in Scheiben schneiden.

2 Einen Topf mit dem Rapsöl erhitzen und die Hähnchenbrust darin von beiden Seiten anbraten. Herausnehmen und auf einem Teller ablegen.

3 Die Möhrenscheiben in den Topf geben und anbraten. Mit Salz, Pfeffer und Kreuzkümmel würzen.

4 Die angebratene Hähnchenbrust auf die Möhrenscheiben legen und mit Salbei bestreuen. Zugedeckt bei schwacher Hitze 10 Minuten schmoren lassen.

5 Hähnchenbrust aus dem Topf nehmen und in Scheiben schneiden. Das Möhrengemüse mit süßem Senf würzen. Hähnchen und Gemüse auf einem Teller anrichten.

Tipp **Die Mahlzeit mit etwas Hähnchenbrust als Eiweißbissen beginnen.**

Info **Bio-Hähnchen dürfen mindestens 81 Tage leben und mit etwas Freiraum aufwachsen. Feinschmecker kaufen die Hähnchen im Ganzen und kochen oder braten sie am Stück. Ihr ausgelöstes Fleisch schmeckt auch köstlich als kalte Salatzutat oder als Begleiter zu warmem Gemüse.**

Für 1 Portion

200 g Hähnchenbrust
Steinsalz
schwarzer Pfeffer aus der Mühle
200 g Möhren
2 EL Rapsöl
Kreuzkümmel
2 EL frisch gehackter Salbei
1 EL süßer Senf

servierfertig in 30 Minuten

Putenroulade mit buntem Sauerkraut

Für 1 Portion

2 Putenschnitzel à 100 g
180 g Sauerkraut
50 g rote Paprikaschote
50 g Frühlingszwiebel
4 EL Rapsöl
Steinsalz
schwarzer Pfeffer aus der Mühle
Kreuzkümmel
Senfmehl
1 EL frisch gehackte Petersilie

servierfertig in 40 Minuten

1 Einen Gefrierbeutel aufschneiden, Putenschnitzel zwischen die Folien legen und vorsichtig dünn klopfen. Backofen auf 100 °C vorheizen.

2 Sauerkraut etwas klein schneiden. Paprikaschote waschen, putzen und würfeln. Frühlingszwiebel waschen, putzen und in feine Ringe schneiden.

3 Einen Topf mit 2 Esslöffel Rapsöl erhitzen und Sauerkraut, Paprika und Frühlingszwiebel darin 5 Minuten dünsten. Mit Salz, Pfeffer, Kreuzkümmel und Senfmehl würzen.

4 Putenschnitzel auf eine Arbeitsfläche legen, salzen und pfeffern. Zwei Drittel des Sauerkrauts auf die Schnitzel verteilen. Die Schnitzel zu Rouladen aufrollen und die Enden mit Zahnstochern fixieren.

5 Eine feuerfeste Pfanne mit dem restlichen Rapsöl erhitzen und die Rouladen darin von beiden Seiten anbraten. Die Pfanne in den heißen Backofen stellen und das Fleisch in 20 Minuten gar ziehen lassen.

6 Aus dem Backofen holen, Zahnstocher entfernen und die Rouladen in Scheiben schneiden. Mit dem restlichen Kraut anrichten und mit dem entstandenen Bratensaft übergießen. Petersilie darüberstreuen.

Perlhuhnbrust im Mangomantel

1 Perlhuhnbrust waschen und trockentupfen. Mit Salz und Pfeffer würzen. Mango schälen, das Fruchtfleisch vom Kern lösen und in Scheiben schneiden. Backofen auf 100 °C vorheizen.

2 Eine feuerfeste Pfanne mit 1 Esslöffel Rapsöl erhitzen und die Perlhuhnbrust darin anbraten. Die Perlhuhnbrust mit den Mangoscheiben belegen. Die Pfanne in den heißen Backofen stellen und das Fleisch 20 Minuten ziehen lassen.

3 Fenchel waschen, putzen, halbieren und in feine Streifen schneiden. In einer zweiten Pfanne das restliche Rapsöl erhitzen und den Fenchel darin kräftig anbraten. Mit Salz, Pfeffer und Currypulver würzen.

4 Petersilie waschen, mit Küchenkrepp trockentupfen und die Blätter von den Stängeln zupfen.

5 Gemüse auf einem Teller anrichten. Das Fleisch mit der Mango in Scheiben schneiden und auf das Gemüse legen. Mit Petersilienblättern bestreuen und mit dem Sesamöl beträufeln.

Tipp **Die Mahlzeit mit etwas Perlhuhnbrust als Eiweißbissen beginnen.**

Tipp **Hähnchenbrust eignet sich genauso gut für dieses Rezept.**

Für 1 Portion

150 g Perlhuhnbrust
Steinsalz
schwarzer Pfeffer aus der Mühle
150 g Mango
2 EL Rapsöl
150 g Fenchel
1 TL Currypulver
30 g glatte Petersilie
1 EL Sesamöl

servierfertig in 30 Minuten

Kalbsschnitzel »natur« gebraten auf Brokkoli-Blumenkohl mit Petersilie

1 Brokkoli und Blumenkohl waschen und putzen. In kleine Röschen teilen und in einen Topf geben. 2 Esslöffel Wasser dazugeben und das Gemüse zugedeckt 5 bis 8 Minuten dünsten. Mit Salz, Pfeffer und Muskatblüte würzen.

2 Kalbsschnitzel waschen und trockentupfen. Mit Salz und Pfeffer würzen. Eine Pfanne mit dem Rapsöl erhitzen und das Fleisch darin von beiden Seiten 1 Minute braten.

3 Schnitzel und Gemüse auf einem Teller anrichten. Mit dem Sesamöl beträufeln und mit Petersilie ausgarnieren.

Tipp **Die Mahlzeit mit etwas Kalbsschnitzel als Eiweißbissen beginnen.**

Info **Kräuter sind frisch, getrocknet oder eingefroren wichtige Vitaminspender. Deshalb darf man sie ohne Gewichtsbegrenzung verzehren. Neben Vitaminen enthalten Kräuter auch Bitterstoffe, die unser Körper dringend benötigt. Bitterstoffe regen die Leber zur Bildung von Gallensaft an. Zudem sorgen sie für Sättigung, entsäuern den Stoffwechsel und mobilisieren Abwehrkräfte. Wer im Garten eigene Kräuter ernten will, muss dies machen, bevor ihre Blüten aufblühen. Wer mag, kann frisch geerntete Kräuter mit einem guten Öl mixen, in ein Schraubglas füllen und kühl lagern – so erhält man eigenes Kräuteröl.**

Für 1 Portion

80 g Brokkoli
80 g Blumenkohl
Steinsalz
Pfeffer aus der Mühle
gemahlene Muskatblüte
150 g Kalbsschnitzel (Metzgerei)
1 EL Rapsöl
1 EL Sesamöl
1 Stängel Petersilie

servierfertig in 30 Minuten

Tafelspitz auf Gemüsekartoffeln mit Apfelmeerrettich

Für 2 Portionen

500 g Tafelspitz (Rindfleisch)
Steinsalz
schwarzer Pfeffer aus der Mühle
frisch geriebene Muskatnuss
100 g Möhre
100 g Knollensellerie
200 g Kartoffeln
100 g Porree

Für den Apfelmeerrettich

1 Apfel
1 Stück Meerrettich
Steinsalz
schwarzer Pfeffer aus der Mühle

Außerdem

1 EL Schnittlauchröllchen
1 EL frisch gehackte Petersilie
2 Esslöffel Rapsöl

servierfertig in 1 Stunde, 10 Minuten

1 In einem Topf Wasser aufkochen und den Tafelspitz darin blanchieren. Das heiße Wasser abgießen und das Fleisch mit kaltem Wasser knapp bedecken. Aufkochen, die Hitzezufuhr reduzieren und das Fleisch zunächst 30 Minuten köcheln lassen. Mit Salz, Pfeffer und Muskatnuss würzen.

2 Möhre, Sellerie und Kartoffeln waschen, putzen, schälen und alles in gleich große Würfel schneiden. Zum Tafelspitz geben und für weitere 30 Minuten mitgaren.

3 Für den Apfelmeerrettich Apfel waschen, putzen und klein raspeln. Meerrettich putzen, schälen und reiben. Beides miteinander vermengen, salzen und pfeffern.

4 Porree putzen, längs halbieren, waschen und in Würfel schneiden. Kurz vor Ende der Kochzeit des Fleisches den Porree zufügen. Der Tafelspitz ist fertig, wenn er leicht von der Fleischgabel rutscht.

5 Tafelspitz in Scheiben schneiden. Auf den Gemüsekartoffeln anrichten und mit Schnittlauch und Petersilie bestreuen. Das Rapsöl darüberträufeln. Apfelmeerrettich separat dazu reichen.

Info **Da man Tafelspitz nur als Ganzes zubereiten kann, reicht die Menge noch für ein zweites Rezept, etwa für den Rindfleischsalat von Seite 46.**

Wildererteller

Für 1 Portion

200 g Hirschlende
Steinsalz
schwarzer Pfeffer aus der Mühle
1 Apfel
2 Prisen Lebkuchengewürz
2 EL Rapsöl
100 g grüne Bohnen
100 g Pfifferlinge
50 g Porree
1 EL Preiselbeeren
1 EL Bio-Apfelessig
Thymian
2 EL Walnussöl

servierfertig in 30 Minuten

1 Hirschlende kalt waschen und trockentupfen. Mit Salz und Pfeffer würzen. Backofen auf 100 °C vorheizen.

2 Apfel waschen, schälen, vierteln, das Kerngehäuse entfernen und die Apfelviertel jeweils nochmal längs durchschneiden. Die Achtel mit Lebkuchengewürz würzen.

3 Eine feuerfeste Pfanne mit 1 Esslöffel Rapsöl erhitzen und die Hirschlende darin von beiden Seiten anbraten. Die gewürzten Apfelspalten dazugeben.

4 Die Pfanne in den Backofen stellen und die Hirschlende in 20 Minuten gar ziehen lassen.

5 Grüne Bohnen waschen, putzen und blanchieren. Pfifferlinge putzen und je nach Größe halbieren. Porree putzen, längs halbieren, waschen und in Streifen schneiden.

6 Eine Pfanne mit dem restlichen Rapsöl erhitzen und das Gemüse mit den Pilzen darin 5 bis 8 Minuten dünsten. Mit Salz und Pfeffer würzen. Auf einem Teller anrichten.

7 Fleisch aus der Pfanne nehmen. Apfel mit Preiselbeeren und Essig würzen. Die Lende in Scheiben schneiden, mit Thymian bestreuen und auf das Gemüse legen. Mit den Apfelstücken garnieren. Das Walnussöl darüberträufeln.

Tipp **Die Mahlzeit mit etwas Hirschlende als Eiweißbissen beginnen.**

Lammfilet auf Ratatouille

Für 1 Portion

200 g Lammfilet
Steinsalz
schwarzer Pfeffer aus der Mühle
10 Nadeln Rosmarin
4 EL Rapsöl
1 Tomate
100 g rote Paprikaschote
100 g Zucchini
30 g Schalotten
½ Knoblauchzehe
2 Zweige Thymian
1 TL Lavendelblüten
1 EL Olivenöl

servierfertig in 30 Minuten

1 Lammfilet von der Silberhaut trennen, waschen und trockentupfen. Mit Salz, Pfeffer und Rosmarinnadeln würzen. Backofen auf 100 °C vorheizen.

2 Eine feuerfeste Pfanne mit 2 Esslöffel Rapsöl erhitzen und das Lammfilet darin von beiden Seiten anbraten. Die Pfanne in den warmen Backofen stellen und das Lammfilet etwa 15 Minuten ziehen lassen.

3 Tomate mit kochendem Wasser überbrühen, die Haut abziehen und das Fruchtfleisch würfeln. Paprikaschote und Zucchini waschen, putzen und in Würfel schneiden. Schalotten abziehen und würfeln.

4 Knoblauch abziehen. Thymian waschen und trockentupfen. Knoblauch, Thymian und Lavendelblüten klein hacken und miteinander vermischen.

5 Einen Topf mit dem restlichen Rapsöl erhitzen und die Schalotten darin andünsten. Paprika- und Zucchiniwürfel dazugeben und 5 Minuten zugedeckt dünsten lassen. Tomatenwürfel dazugeben. Mit der Kräuter-Knoblauch-Mischung sowie mit Salz und Pfeffer würzen.

6 Lammfilet herausnehmen und in Scheiben schneiden. Ratatouille auf einem Teller anrichten und die Lammscheiben darauflegen. Fleisch mit dem Olivenöl beträufeln.

Lammlende auf Grüne-Bohnen-Bratkartoffeln

Für 1 Portion

200 g Pellkartoffeln
Steinsalz
200 g Lammlende
schwarzer Pfeffer aus der Mühle
½ Knoblauchzehe
½ Tomate
2 EL Rapsöl
1 Zweig Rosmarin
150 g grüne Bohnen
50 g Schalotten

servierfertig in 30 Minuten

1 Kartoffeln waschen und in Salzwasser weich kochen; Pellkartoffeln vom Vortag eignen sich aber auch sehr gut.

2 Lammlende waschen, trockentupfen, salzen und pfeffern. Knoblauch abziehen, fein schneiden und auf die Tomatenhälfte geben. Backofen auf 100 °C vorheizen.

3 Eine feuerfeste Pfanne mit 1 Esslöffel Rapsöl erhitzen und die Lende darin auf beiden Seiten kräftig anbraten. Rosmarinzweig und Tomatenhälfte dazugeben. Die Pfanne in den heißen Backofen stellen und das Fleisch 20 Minuten ziehen lassen.

4 In der Zwischenzeit grüne Bohnen waschen, putzen und blanchieren. Schalotten abziehen und in Würfel schneiden.

5 Kartoffeln pellen und in Scheiben schneiden. Das restliche Öl in einer zweiten Pfanne erhitzen und die Kartoffelscheiben darin anbraten. Bohnen und Schalotten dazugeben und mitbraten. Salzen und pfeffern.

6 Lende aus dem Backofen herausnehmen und in Scheiben schneiden. Das Fleisch mit den Bratkartoffeln auf einem Teller anrichten und die Grilltomate dazugeben.

Tipp **Wer das Fleisch etwas mehr durchgebraten haben will, lässt es 5 bis 10 Minuten länger im Backofen.**

Wirsingroulade mit Seezunge gefüllt

Für 1 Portion

200 g Wirsingblätter

2 Tomaten

100 g Frühlingszwiebel

200 g Seezungenfilet

Steinsalz

schwarzer Pfeffer aus der Mühle

1 EL frisch gehacktes Koriandergrün

2 EL Rapsöl

1 EL Olivenöl

servierfertig in 30 Minuten

1 Wirsingblätter vom Strunk befreien und blanchieren. Tomaten mit kochendem Wasser überbrühen und die Haut abziehen. Tomaten vierteln, die Kerne entfernen und das Fruchtfleisch in Würfel schneiden. Frühlingszwiebel waschen, putzen und in feine Ringe schneiden.

2 Seezungenfilet unter fließendem kaltem Wasser waschen, mit Küchenkrepp trockentupfen und in Würfel schneiden. Die Fischwürfel mit den Tomatenvierteln und den Frühlingszwiebelringen vermengen. Mit Salz, Pfeffer und Koriandergrün würzen.

3 Die blanchierten Wirsingblätter für zwei Rouladen auf eine Arbeitsfläche legen. Die Fischmasse darauf verteilen und die Blätter zu Rouladen aufrollen.

4 Einen Topf mit dem Rapsöl erhitzen und die Rouladen darin mit dem offenen Ende auf den Topfboden legen, damit sie nicht auseinanderfallen. Zugedeckt 10 Minuten dünsten.

5 Die gefüllten Wirsingrouladen auf einem Teller anrichten und mit Olivenöl beträufeln.

Tipp **Die Mahlzeit mit etwas Seezunge als Eiweißbissen beginnen.**

Heilbuttgeschnetzeltes auf Tomaten-Zucchini-Gemüse mit Roggenbrotwürfeln

1 Brotscheiben würfeln. Eine Pfanne ohne Öl erhitzen und die Brotwürfel darin unter gelegentlichem Wenden anrösten.

2 Tomaten mit kochendem Wasser überbrühen und die Haut abziehen. Tomaten vierteln und die Kerne entfernen. Zucchini waschen, putzen und in Scheiben schneiden. Schalotten abziehen und würfeln.

3 Heilbutt waschen, mit Küchenkrepp trockentupfen und in Streifen schneiden.

4 Einen Topf mit dem Rapsöl erhitzen und Schalotten und Zucchini darin andünsten. Tomatenstücke und Heilbuttstreifen dazugeben und alles 5 Minuten zugedeckt dünsten. Mit Salz und Pfeffer würzen.

5 Das Gemüse mit dem Fisch auf einem Teller anrichten. Die Kräuter darüberstreuen. Die gerösteten Brotwürfel darauf verteilen und alles mit dem Olivenöl beträufeln.

Tipp **Die Mahlzeit mit etwas Heilbutt als Eiweißbissen beginnen.**

Tipp **Das Gericht mit etwas Knoblauch würzen. Dazu 1 Knoblauchzehe abziehen, klein hacken und unter das Gemüse mischen.**

Für 1 Portion

2–3 Scheiben Roggenbrot
2 Tomaten
150 g Zucchini
30 g Schalotten
150 g Heilbuttfilet
1 EL Rapsöl
Meersalz
schwarzer Pfeffer aus der Mühle
1 EL frisch gehacktes Basilikum
1 EL frisch gehackter Majoran
1 EL Olivenöl

servierfertig in 20 Minuten

Saiblingsfilet auf Blattspinat mit Rucola und Kerbel

Für 1 Portion

200 g Saiblingsfilet
170 g Blattspinat
30 g Rucola
50 g Schalotten
1 EL Rapsöl
Steinsalz
schwarzer Pfeffer aus der Mühle
gemahlene Muskatblüte
gemahlener Piment
1 EL frisch gehackter Kerbel
1 EL Olivenöl

servierfertig in 15 Minuten

1 Saiblingsfilet unter kaltem Wasser waschen und mit Küchenkrepp trockentupfen.

2 Spinat und Rucola waschen, putzen und von dicken Stielen befreien. Schalotten abziehen und klein schneiden.

3 Einen Topf mit dem Rapsöl erhitzen und die Schalotten darin glasig dünsten. Spinat und Rucola dazugeben. Mit Salz, Pfeffer und Muskatblüte würzen und gut durchmengen.

4 Saiblingsfilet mit Salz und Piment würzen. Auf den Spinat legen und zugedeckt 5 bis 10 Minuten dünsten.

5 Kerbel über den Fisch streuen. Das Gemüse mit dem Fisch auf einem Teller anrichten. Das Olivenöl darüberträufeln.

Tipp **Die Mahlzeit mit etwas Saiblingsfilet als Eiweißbissen beginnen.**

Forellenfilet auf Sellerie-Apfel-Püree

Für 1 Portion

200 g Knollensellerie
1 Apfel
2 Stängel Dill
200 g Forellenfilet
1 EL Rapsöl
4 cl Weißwein oder Wasser
Meersalz
schwarzer Pfeffer aus der Mühle
1 Prise Zimt
1 EL Basilikumöl

servierfertig in 20 Minuten

1 Sellerie putzen, schälen und in Würfel schneiden. Apfel schälen, vierteln, Kerngehäuse entfernen und das Fruchtfleisch ebenfalls würfeln.

2 Dill waschen, mit Küchenkrepp trockentupfen und die feinen Blättchen klein hacken. Forellenfilet waschen und trockentupfen.

3 Einen Topf mit dem Rapsöl erhitzen und Sellerie und Apfel darin andünsten. Weißwein oder Wasser aufgießen. Mit Salz, Pfeffer und Zimt würzen.

4 Das Forellenfilet mit der Hautseite nach unten auf das Gemüse legen. Mit Salz und Dill würzen. Zugedeckt 8 Minuten dünsten.

5 Die Sellerie-Apfel-Mischung mit einem Kartoffelstampfer zu Püree verarbeiten. Falls das Püree zu fest ist, mit etwas Wasser verdünnen. Mit Salz und Basilikumöl würzen.

6 Forellenfilet auf einen Teller legen und das Sellerie-Apfel-Püree dazu anrichten.

Tipp **Die Mahlzeit mit etwas Forellenfilet als Eiweißbissen beginnen. Wer mag, serviert das Püree zu geräuchertem Forellenfilet.**

Lachs auf Mangoldgemüse

1 Lachs unter fließendem kaltem Wasser waschen, mit Küchenkrepp trockentupfen und in eine Schale legen. Mit Salz und Pfeffer würzen. Salbei waschen, mit Küchenkrepp trockentupfen und in Streifen schneiden. Salbeistreifen und 1 Esslöffel Rapsöl auf dem Lachs verteilen.

2 Mangold waschen, putzen und in Streifen schneiden; die breiten Stiele in der Mitte der Blätter können mitverwendet werden. Einen Topf mit dem restlichen Öl erhitzen und die Mangoldstreifen darin zugedeckt 5 Minuten garen. Mit Salz, Pfeffer und Muskatblüte würzen. Kerbel darübergeben.

3 Eine Pfanne erhitzen und das eingeölte Lachsfilet darin von beiden Seiten 2 Minuten braten.

4 Lachs und Mangoldgemüse auf einem Teller anrichten.

Tipp **Die Mahlzeit mit etwas Lachs als Eiweißbissen beginnen.**

Für 1 Portion

200 g Lachs ohne Haut, ohne Gräten

Steinsalz

schwarzer Pfeffer aus der Mühle

3 Blätter Salbei

2 EL Rapsöl

300 g Mangold

gemahlene Muskatblüte

1 EL frisch gehackter Kerbel

servierfertig in 20 Minuten

Foto siehe Seite 50

Das Rezept für die Maisbratlinge mit Rührei finden Sie auf Seite 90.

Vegetarisch

Mal etwas anders

Das Rezept für den Linseneintopf wie von Oma finden Sie auf Seite 86.

Auberginensalat mit Dilljoghurt

Für 1 Portion

170 g Auberginen
Steinsalz
2 Stängel Dill
2 Stängel Petersilie
1 Stängel Basilikum
1 Knoblauchzehe
160 g Naturjoghurt (3,8 % Fett)
Cayennepfeffer
2 EL Rapsöl

servierfertig in 20 Minuten

1 Auberginen waschen, putzen und in Scheiben schneiden. Die Scheiben in ein Sieb geben, salzen und für 15 Minuten Wasser ziehen lassen.

2 Kräuter waschen, mit Küchenkrepp trockentupfen und fein hacken. Knoblauch abziehen und fein hacken.

3 Joghurt mit Kräutern und Knoblauch mischen. Mit Salz und Cayennepfeffer würzen.

4 Auberginenscheiben unter fließendem Wasser waschen und trockentupfen. Eine Pfanne mit dem Rapsöl erhitzen und die Auberginenscheiben darin von beiden Seiten leicht braten.

5 Auberginen zusammen mit dem Joghurt auf einem Teller anrichten.

Tipp **Die Mahlzeit mit etwas Joghurt als Eiweißbissen beginnen.**

Austernpilzteller

1 Austernpilze, Pfifferlinge und Kräuterseitlinge putzen. Möhre und Petersilienwurzel waschen, putzen, schälen und in feine Streifen schneiden. Frühlingszwiebel putzen und in längere Stücke schneiden. Schalotten abziehen und in Würfel schneiden.

2 Eine Pfanne mit dem Rapsöl erhitzen, die Austernpilze darin kräftig anbraten und wieder herausnehmen. Pfifferlinge, Kräuterseitlinge, Möhre, Petersilienwurzel, Frühlingszwiebel und Schalotten in die Pfanne geben und etwa 5 Minuten braten. Die Austernpilze wieder dazugeben und einen Moment mitbraten. Mit Salz, Pfeffer und Koriander würzen. Den Kerbel dazugeben und, wer mag, auch eine abgezogene, gepresste oder gehackte Knoblauchzehe.

Tipp **Die Mahlzeit mit ein paar Austernpilzen als Eiweißbissen beginnen.**

Tipp **Eine große Pfanne verwenden, damit alles schön brät und kein Wasser zieht. Man kann auch alle Zutaten einzeln braten und erst vor dem Würzen zusammenmischen.**

Für 1 Portion

150 g Austernpilze
50 g Pfifferlinge
50 g Kräuterseitlinge
30 g Möhre
30 g Petersilienwurzel
30 g Frühlingszwiebel
30 g Schalotten
3 EL Rapsöl
Steinsalz
Pfeffer aus der Mühle
gemahlener Koriander
1 EL frisch gehackter Kerbel
1 Knoblauchzehe nach Geschmack

servierfertig in 20 Minuten

Foto siehe Umschlag

Kürbissuppe mit Ricotta

Für 1 Portion

150 g Muskatkürbis

30 g Schalotten

1 EL Rapsöl

1 TL Currypulver

250 ml Gemüsebrühe oder Wasser

Steinsalz

Pfeffer aus der Mühle

gemahlener Koriander

120 g Ricotta

1 TL frisch gehackter Kerbel

1 EL Kürbiskernöl

servierfertig in 20 Minuten

1 Muskatkürbis schälen, Kerne entfernen und das Fruchtfleisch in Würfel schneiden. Schalotten abziehen und ebenfalls würfeln.

2 Einen Topf mit dem Rapsöl erwärmen und die Schalotten darin anbraten. Kürbiswürfel dazugeben und mitbraten. Mit Currypulver würzen. Mit Gemüsebrühe oder Wasser aufgießen und alles 10 Minuten köcheln lassen.

3 Den Topfinhalt mit einem Stabmixer pürieren. Die entstandene Kürbissuppe mit Salz, Pfeffer und Koriander würzen. Die Suppe in einen Suppenteller füllen.

4 Mit einem Löffel Ricotta in kleinen Nocken abstechen und in die Suppe geben. Die Suppe mit Kerbel bestreuen und das Kürbiskernöl darüberträufeln.

Tipp **Die Mahlzeit mit etwas Ricotta als Eiweißbissen beginnen.**

Info **Man kann die Suppe auch mit Hokkaido-Kürbis zubereiten. Da spart man sich das Schälen, denn dieser Kürbis hat eine so weiche Schale, dass man sie mitkochen kann.**

Kürbispuffer mit Birnenspalten

Für 1 Portion

150 g Hokkaido-Kürbis
150 g Kartoffeln
2 Eier
Steinsalz
schwarzer Pfeffer aus der Mühle
Currypulver
1 Birne
3 EL Rapsöl

servierfertig in 20 Minuten

1 Kürbis waschen, entkernen und das Fruchtfleisch in eine Schüssel raspeln. Kartoffeln waschen, schälen und dazuraspeln.

2 Eier in die Schüssel geben. Alles mit Salz, Pfeffer und Currypulver würzen und miteinander vermengen.

3 Birne waschen, schälen, vierteln, entkernen und das Fruchtfleisch in Spalten schneiden.

4 Eine Pfanne mit 2 Esslöffel Rapsöl erhitzen. Die Masse esslöffelweise in die Pfanne geben, etwas flach drücken und die so entstandenen Kürbispuffer braten. Die fertigen Kürbispuffer herausnehmen und auf einem Teller anrichten.

5 Die Birnenspalten mit 1 Esslöffel Rapsöl in der Pfanne kurz anbraten, mit Currypulver würzen und auf die Puffer geben.

Tipp **Das Ei läuft beim Braten an den Außenrand. Deshalb sollte man – im Sinne des ersten Eiweißbissens – den Puffer von außen nach innen essen.**

Tipp **Anstelle von Hokkaido eignen sich auch Zucchini, Pastinake oder Petersilienwurzel für die Zubereitung von Puffern.**

Kürbisschnetzel mit gebratenem Romadur

Für 1 Portion

200 g Muskatkürbis
Steinsalz
schwarzer Pfeffer aus der Mühle
½ TL Currypulver
2 EL Rapsöl
50 g Schalotten
50 g Porree
150 g Romadur
2 EL Olivenöl

servierfertig in 20 Minuten

1 Muskatkürbis schälen, Kerne entfernen und das Fruchtfleisch in feine Scheiben schneiden. In eine Schüssel legen und mit Salz, Pfeffer und Currypulver würzen. Mit etwas Rapsöl beträufeln.

2 Schalotten abziehen und würfeln. Porree putzen, längs halbieren, waschen und in Streifen schneiden.

3 Die Rotschmiere des Romadurs durch Abschaben mit einem Messer entfernen. Den Käse in Scheiben schneiden.

4 Eine Pfanne mit dem restlichen Rapsöl erhitzen und die Kürbisscheiben darin von jeder Seite 3 Minuten anbraten. Aus der Pfanne nehmen und auf einem Teller anrichten.

5 Schalotten und Porree in die Pfanne geben und ebenso anbraten. Romadur darauflegen und warten, bis er leicht verläuft. Mit Pfeffer würzen.

6 Den Käse mit dem Gemüse auf die Kürbisscheiben legen. Alles mit dem Olivenöl beträufeln.

Tipp **Die Mahlzeit mit etwas Romadur als Eiweißbissen beginnen.**

Kraut-Käse mit Roggenbrot

1 Brotscheiben toasten und zum Abkühlen nebeneinander auf einen Teller legen. Bergkäse reiben.

2 Vom Spitzkohl die äußeren Blätter nach Bedarf entfernen. Den Kohl längs halbieren, den Strunk entfernen und die Hälften in feine Streifen schneiden.

3 Eine Pfanne mit dem Rapsöl erhitzen und die Spitzkohlstreifen darin anbraten. Mit Salz, Pfeffer und Kümmel würzen.

4 Den geriebenen Käse auf den Spitzkohl streuen und das Ganze wenden, damit der Käse wie ein Rösti gebraten wird.

5 Den Kraut-Käse aus der Pfanne heben und mit der Käseseite nach oben auf die Brotscheiben geben. Mit Petersilie bestreuen.

Tipp **Die Mahlzeit mit etwas Käse als Eiweißbissen beginnen.**

Tipp **Statt Spitzkohl Chicorée auf diese Art zubereiten.**

Für 1 Portion

2 Scheiben Roggenvollkornbrot
200 g Bergkäse
200 g Spitzkohl
2 EL Rapsöl
Steinsalz
schwarzer Pfeffer aus der Mühle
1 Prise Kümmel
1 EL gehackte Petersilie

servierfertig in 20 Minuten

Zucchiniröllchen mit Ziegenfrischkäse

Für 1 Portion

200 g Zucchini
1 EL Rapsöl
Salz, Pfeffer
150 g Ziegenfrischkäse
1 EL Knoblauchöl
1 EL frisch gehackter Kerbel

servierfertig in 20 Minuten

1 Zucchini waschen, putzen und der Länge nach in dünne Scheiben schneiden.

2 Rapsöl erhitzen und die Zucchinischeiben darin anbraten, salzen und pfeffern. Herausnehmen, mit Frischkäse bestreichen und aufrollen. Zurück in die Pfanne legen und zugedeckt 1 Minute bei schwacher Hitze stehen lassen, damit der Käse warm wird.

3 Die Zucchiniröllchen auf einem Teller anrichten. Mit dem Knoblauchöl beträufeln und mit Kerbel bestreuen.

Mayonnaise

Für 1 Portion

3 Eigelb
250 ml Rapsöl
Steinsalz
schwarzer Pfeffer aus der Mühle
1 Messerspitze Senfmehl
2 EL Bio-Apfelessig
2 EL Wasser

servierfertig in 10 Minuten

1 Eigelb mit einem Schneebesen verrühren und dabei die Hälfte des Öls nach und nach einlaufen lassen. Salz, Pfeffer, Senfmehl, 1 Esslöffel Apfelessig und 1 Esslöffel Wasser unterrühren.

2 Das restliche Öl unter ständigem Schlagen einträufeln lassen. Zum Schluss den restlichen Essig und das restliche Wasser einrühren.

Tipp **Je nach Geschmack lässt sich die Mayonnaise auch mit anderen Ölsorten herstellen, z. B. mit Kürbiskernöl und Rapsöl. Mit Kürbiskernöl erhält die Mayonnaise eine grüne Farbe.**

Grüner Spargel mit Ziegenfeta

1 Spargel waschen, nach Bedarf nur im unteren Viertel schälen und am Ende frisch anschneiden. Die Stangen in gleich große Stücke schneiden.

2 Eine Pfanne mit dem Rapsöl erhitzen und den Spargel darin 5 Minuten anbraten. Mit Salz und Pfeffer würzen. Auf einem Teller anrichten.

3 Ziegenfeta in der gleichen Pfanne anbraten. Auf dem Spargel anrichten und mit Pfeffer würzen. Mit dem Olivenöl beträufeln.

Tipp **Die Mahlzeit mit etwas Käse als Eiweißbissen beginnen.**

Info **Frisches Gemüse hat im rohen Zustand die meisten Vitamine. Durch langes Lagern, übermäßiges Waschen und langes Kochen gehen Vitamine verloren. Darum sollte man Salat und Gemüse am besten roh bzw. nur kurz bissfest gegart genießen. Je weicher ein Gemüse gegart wird, desto weniger Vitamine sind in ihm enthalten.**

Für 1 Portion

250 g grüner Spargel
2 EL Rapsöl
Steinsalz
schwarzer Pfeffer aus der Mühle
150 g Ziegenfeta
1 EL Olivenöl

servierfertig in 20 Minuten

Gelbe Linsen mit Pastinaken-Porree-Gemüse

Für 1 Portion

100 g getrocknete gelbe Linsen
100 g Pastinake
50 g Möhre
100 g Porree
30 g Zwiebeln
2 EL Rapsöl
20 g Currypulver
Steinsalz
schwarzer Pfeffer aus der Mühle
1 EL frisch gehacktes Koriandergrün

servierfertig in 35 Minuten

1 Linsen in ein Sieb geben und kalt abspülen. In einen Topf mit ½ Liter Wasser geben. Aufkochen, die Hitzezufuhr reduzieren und die Linsen bei schwacher Hitze in 20 bis 30 Minuten weich kochen.

2 Pastinake und Möhre waschen, putzen, schälen und in Würfel schneiden. Porree putzen, längs halbieren, waschen und würfeln. Zwiebeln abziehen und ebenso in kleine Würfel schneiden.

3 Einen Topf mit dem Rapsöl erhitzen und das Gemüse darin 3 Minuten andünsten. Mit Currypulver bestreuen.

4 Linsen dazugeben und für weitere 5 Minuten mitkochen. Mit Salz und Pfeffer würzen. Das Linsengemüse auf einem Teller anrichten und mit Koriandergrün bestreuen.

Tipp **Die Mahlzeit mit ein paar Linsen als Eiweißbissen beginnen.**

Tipp **Die doppelte Menge Linsen kochen und die Hälfte am nächsten Tag kalt verzehren. Dazu die gekochten Linsen mit je 2 Esslöffel Bio-Apfelessig und Rapsöl sowie etwas Salz und Pfeffer würzen. In eine Frischhaltebox eingepackt, ergibt dies ein wunderbares Lunchpaket für unterwegs.**

Linseneintopf wie von Oma

Für 1 Portion

100 g getrocknete braune Linsen

500 ml Gemüsebrühe oder Wasser

100 g Möhre

100 g Knollensellerie

100 g Fenchel

100 g Porree

Steinsalz

schwarzer Pfeffer aus der Mühle

gemahlener Koriander

1 EL Sonnenblumenöl

1 EL frisch gehackte Petersilie

servierfertig in 30 Minuten

Foto siehe Seite 73

1 Linsen waschen, in einen Topf geben und Gemüsebrühe oder Wasser zufügen. Aufkochen, die Hitzezufuhr reduzieren und die Linsen 30 Minuten köcheln lassen.

2 Möhre und Sellerie waschen, putzen, schälen und in kleine Würfel schneiden. Fenchel putzen und in kleine Würfel schneiden. Porree putzen, längs halbieren, waschen und ebenfalls klein würfeln.

3 Möhren-, Sellerie- und Fenchelwürfel in den letzten 10 Minuten der Kochzeit der Linsen in den Topf geben. Mit Salz, Pfeffer und Koriander würzen. Porree ganz am Schluss dazugeben und nur kurz aufkochen lassen.

4 Den Eintopf mit dem Sonnenblumenöl beträufeln und mit Petersilie bestreuen.

Tipp **Die Mahlzeit mit ein paar Linsen als Eiweißbissen beginnen.**

Tipp **Doppelte Menge Linseneintopf kochen. Am nächsten Tag den kalten Linseneintopf mit 1 Esslöffel Bio-Apfelessig abschmecken, in eine Frischhaltebox geben und als Lunchpaket mit zur Arbeit nehmen.**

Kichererbsen-Sauerkraut-Rösti

1 Kichererbsen grob hacken. Schalotten abziehen und in Würfel schneiden. Porree putzen, längs halbieren, waschen und in Streifen schneiden. Sauerkraut grob schneiden. Alles in einer Schüssel gut vermischen. Mit Salz, Pfeffer, Kreuzkümmel und Koriander würzen.

2 Aus der Kichererbsen-Sauerkraut-Masse mit angefeuchteten Händen kleine Puffer formen.

3 Eine Pfanne mit dem Rapsöl erhitzen und die Puffer darin von beiden Seiten goldgelb braten.

Tipp **Einige Kichererbsen vor der Zubereitung zur Seite legen und die Mahlzeit mit ihnen als Eiweißbissen beginnen.**

Tipp **Wer getrocknete Kichererbsen verwenden will, der kann den Inhalt einer ganzen Tüte über Nacht in kaltem Wasser einweichen. Am nächsten Tag die eingeweichten Kichererbsen abspülen und mit frischem Wasser in etwa 1 Stunde gar kochen. Erst zum Schluss salzen. Die Kichererbsen portionsweise einfrieren.**

Für 1 Portion

200 g gekochte Kichererbsen
50 g Schalotten
50 g Porree
150 g Sauerkraut
Steinsalz
Pfeffer aus der Mühle
Kreuzkümmel
gemahlener Koriander
3 EL Rapsöl

servierfertig in 20 Minuten

Maisbratlinge mit Rührei

Für 1 Portion

125 g Mais (Dose)

20 g getrocknete Tomaten, in Öl eingelegt

50 g rote Paprikaschote

2 Stängel Koriandergrün

3 Eier

Steinsalz

schwarzer Pfeffer aus der Mühle

Chilipulver

2 EL Dinkelmehl nach Bedarf

2 EL Sonnenblumenöl

servierfertig in 20 Minuten

Foto siehe Seite 72

1 Mais in einem Sieb abtropfen lassen. Tomaten aus dem Öl nehmen, mit Küchenpapier abtupfen und in grobe Stücke schneiden. Paprikaschote waschen, putzen und ebenso in grobe Stücke schneiden.

2 Koriandergrün waschen, mit Küchenkrepp trockentupfen und die Blätter abzupfen.

3 Gemüse, Koriandergrün und 2 Eier in ein hohes Gefäß geben und mit Salz, Pfeffer und Chilipulver würzen. Das Ganze mit einem Stabmixer nur grob stückig mixen. Sollte die Masse zu flüssig sein, nach Bedarf etwas Mehl untermischen. Aus der Masse kleine Puffer formen.

4 Eine Pfanne mit dem Sonnenblumenöl erhitzen und die Puffer darin von beiden Seiten braten. Herausnehmen, auf einen warmen Teller legen, abdecken und beiseitestellen.

5 Das restliche Ei in die Pfanne schlagen und unter Rühren braten. Das Rührei neben den Maisbratlingen auf dem Teller anrichten.

Tipp **Die Mahlzeit mit etwas Rührei als Eiweißbissen beginnen.**

Soja-Schwammerl-Ragout

1 Gemüsebrühe in einem Topf zum Kochen bringen und von der Kochstelle ziehen. Sojagranulat einrühren und 10 Minuten quellen lassen – dabei verdoppelt sich das Volumen des Granulats. Die überschüssige Brühe vom entstandenen Tofu abgießen.

2 Kräuterseitlinge und Pfifferlinge putzen und klein schneiden. Schalotten abziehen und in Würfel schneiden. Petersilie waschen, mit Küchenkrepp trockentupfen, die Blätter von den Stängeln zupfen und fein hacken.

3 Eine Pfanne mit dem Sonnenblumenöl erhitzen und Schalotten, Tofumasse und Pilze darin anbraten. Das Ganze darf eine kräftige Farbe bekommen. Mit Salz und Pfeffer würzen.

4 Das Ragout auf einem Teller anrichten. Petersilie darüberstreuen und mit dem Olivenöl beträufeln.

Tipp **Die Mahlzeit mit etwas Soja als Eiweißbissen beginnen.**

Für 1 Portion

250 ml Gemüsebrühe
60 g Sojagranulat (Trockengewicht)
100 g Kräuterseitlinge
100 g Pfifferlinge
50 g Schalotten
2 Stängel Petersilie
2 EL Sonnenblumenöl
Steinsalz
schwarzer Pfeffer aus der Mühle
1 EL Olivenöl

servierfertig in 20 Minuten

Tofutaschen mit Spinat

Für 1 Portion

2 Scheiben Tofu natur à 150 g
300 g Blattspinat
50 g Schalotten
1 Knoblauchzehe
2 EL Rapsöl
Steinsalz
schwarzer Pfeffer aus der Mühle
gemahlene Muskatblüte
gemahlener Koriander
Senfmehl
1 EL Olivenöl

servierfertig in 20 Minuten

1 In jede Scheibe Tofu waagerecht eine Tasche so einschneiden, dass die beiden Hälften hinten noch zusammenhängen.

2 Spinat waschen und putzen, dabei große Stiele entfernen. Schalotten abziehen und in kleine Würfel schneiden. Knoblauch abziehen und fein hacken.

3 In einem Topf 1 Esslöffel Rapsöl erhitzen und die Schalotten darin anschwitzen. Spinat dazugeben und zugedeckt 3 bis 4 Minuten dünsten. Mit Salz, Pfeffer, Knoblauch und Muskatblüte würzen.

4 Den Spinat in die Tofutaschen füllen. Den restlichen Spinat auf einem Teller anrichten und abdecken, damit er nicht auskühlt.

5 Das restliche Öl in der Pfanne erhitzen und die Tofutaschen darin von beiden Seiten scharf anbraten. Mit Salz, Pfeffer, Koriander und Senfmehl würzen.

6 Die Taschen auf dem Spinat auf dem Teller anrichten und mit dem Olivenöl beträufeln.

Tipp **Die Mahlzeit mit etwas Tofu als Eiweißbissen beginnen.**

Tofubolognese auf Roggennudeln

Für 1 Portion

150 g Tofu natur
50 g Knollensellerie
50 g Möhre
50 g Porree
2 Tomaten
1 Knoblauchzehe
1 EL Rapsöl
Steinsalz
schwarzer Pfeffer aus der Mühle
1 Prise Oregano
80 g Roggennudeln
1 EL Olivenöl
5 Blätter Basilikum

servierfertig in 20 Minuten

1 Tofu in kleine Würfel schneiden. Sellerie und Möhre waschen und schälen. Porree putzen, längs halbieren und waschen. Alles in kleine Würfel schneiden.

2 Tomaten mit kochendem Wasser überbrühen und die Haut abziehen. Das Fruchtfleisch der Tomate klein schneiden. Knoblauch abziehen und durch eine Knoblauchpresse drücken.

3 Einen Topf mit dem Rapsöl erhitzen und die Tofuwürfel darin anbraten. Gemüse und Knoblauch dazugeben. Mit Salz, Pfeffer und Oregano würzen. Alles zugedeckt 10 Minuten köcheln lassen.

4 In einem zweiten Topf Wasser aufkochen, salzen und die Roggennudeln darin 3 Minuten kochen. In ein Sieb abgießen und abtropfen lassen.

5 Roggennudeln auf einem Teller anrichten und mit dem Olivenöl beträufeln. Die Tofubolognese über die Nudeln geben und mit Basilikum garnieren.

Tipp **Die Mahlzeit mit etwas Tofubolognese als Eiweißbissen beginnen.**

Tofuragout auf Ratatouille

Für 1 Portion

150 g geräucherter Tofu
50 g grüne Zucchini
50 g gelbe Zucchini
50 g Aubergine
30 g Schalotten
1 Tomate
1 EL Rapsöl
Steinsalz
Pfeffer aus der Mühle
gemahlener Koriander
1 TL frisch gehackte Kräuter (Majoran, Thymian und Lavendel)
1 EL Olivenöl

servierfertig in 20 Minuten

1 Tofu in Würfel schneiden. Zucchini und Aubergine waschen, putzen und in gleich große Würfel wie der Tofu schneiden. Schalotten abziehen und in Würfel schneiden. Tomate mit kochendem Wasser überbrühen und die Haut abziehen. Das Fruchtfleisch der Tomate ebenfalls klein würfeln.

2 Eine Pfanne mit dem Rapsöl erhitzen und die Tofuwürfel darin goldbraun anbraten. Tofu auf einen Teller geben.

3 Schalotten, Zucchini und Aubergine in die Pfanne geben und ebenfalls anbraten. Zum Schluss die Tomate dazugeben und alles 5 bis 8 Minuten köcheln lassen.

4 Das Gemüse mit Salz, Pfeffer und Koriander würzen. Frische Kräuter unterheben. Den gebratenen Tofu dazugeben und kurz mitköcheln lassen.

5 Das Tofuragout auf einen Teller geben und das Olivenöl darüberträufeln.

Tipp **Die Mahlzeit mit etwas Tofu als Eiweißbissen beginnen.**

Tipp **Das Tofuragout schmeckt auch kalt sehr gut. Dafür die doppelte Menge zubereiten und die Hälfte davon auskühlen lassen. Mit 1 Esslöffel Bio-Apfelessig, Steinsalz und Pfeffer nachwürzen. Man kann das Gericht auch nochmal erwärmen, aber bitte nicht in der Mikrowelle!**

Spargel mit weißer Bohnensauce und Frühlingszwiebeln

1 Spargel waschen, vom Kopf ab schälen und am Ende frisch anschneiden. Die Stangen in 3 Zentimeter große Stücke schneiden. In einen Topf geben, mit Wasser knapp bedecken, salzen und aufkochen. Die Hitzezufuhr reduzieren und den Spargel 10 Minuten köcheln lassen.

2 Bohnen abgießen, in ein hohes Gefäß geben und mit einem Stabmixer zu Mus pürieren. Frühlingszwiebel waschen, putzen und in Ringe schneiden. Kerbel waschen, mit Küchenkrepp trockentupfen und die Blätter von den Stängeln zupfen.

3 Spargel noch bissfest aus dem Sud nehmen. Eine Tasse Spargelsud auf die Seite stellen.

4 Für die Sauce den restlichen Sud mit dem Bohnenmus verrühren und einmal aufkochen lassen. Je nach Konsistenz noch etwas von dem Sud aus der Tasse dazugeben. Frühlingszwiebel und Kerbel in die Sauce geben.

5 Die Spargelstücke in die Sauce geben. Mit Salz und dem Zitronenöl würzen.

Tipp **Die Mahlzeit mit der Bohnensauce als Eiweißbissen beginnen. Wer mag, kann 2 bis 3 neue Kartoffeln, mit der Schale gegart, dazu genießen.**

Für 1 Portion

250 g Spargel

Steinsalz

200 g weiße Bohnen, gekocht (Dose)

50 g Frühlingszwiebel

2 Stängel Kerbel

2 EL Zitronenöl

servierfertig in 20 Minuten

Das Rezept für die Hirse mit Mandeln und Sonnenblumenkernen finden Sie auf Seite 109.

Gesunde Kohlenhydrate

Genuss ohne Reue

Das Rezept für die
Gemüse-Reis-Pfanne mit Fisch
finden Sie auf Seite 105.

Emmerbratlinge mit Hüttenkäse

Für 1 Portion

300 ml Gemüsebrühe
100 g geschroteter Emmer
100 g Pastinake
100 g Muskatkürbis
4 EL Sonnenblumenöl
Steinsalz
Pfeffer aus der Mühle
1 TL Currypulver
1 EL gehackte Petersilie
2 Eier
150 g Hüttenkäse
50 g Kresse

servierfertig in 30 Minuten

1 Gemüsebrühe in einem Topf zum Kochen bringen. Emmer in die Brühe einrühren, die Hitzezufuhr reduzieren und das Getreide 10 Minuten quellen lassen.

2 Pastinake waschen, putzen, schälen und raspeln. Kürbis schälen, die Kerne entfernen und das Fruchtfleisch ebenfalls raspeln.

3 In einem zweiten Topf 2 Esslöffel Sonnenblumenöl erhitzen und die Gemüseraspel darin zugedeckt etwa 3 Minuten dünsten. Mit Salz, Pfeffer und Currypulver würzen. Petersilie unter das Gemüse mischen.

4 Den Getreidebrei unter das Gemüse mischen. Die Eier unterrühren und alles zu einer formbaren Masse verarbeiten.

5 Mit feuchten Händen Bratlinge aus der Masse formen. Eine Pfanne mit dem restlichen Öl erhitzen und die Bratlinge darin von jeder Seite 3 Minuten braten.

6 Hüttenkäse auf einen Teller geben und die Bratlinge dazulegen. Mit Kresse garnieren.

Tipp **Die Mahlzeit mit etwas Hüttenkäse als Eiweißbissen beginnen.**

Info **In diesem Rezept sind mit Ei und Hüttenkäse zwei Eiweißarten enthalten. Wer nur eine verzehren will, der lässt den Hüttenkäse weg.**

Mungbohnensprossen aus dem Wok

Für 1 Portion

150 g Mungbohnensprossen (frisch oder aus dem Glas)

50 g Möhre

50 g Petersilienwurzel

50 g Porree

100 g Eisbergsalat

½ Mango

2 EL Rapsöl

Steinsalz

schwarzer Pfeffer aus der Mühle

1 TL Currypulver

2 EL Bio-Apfelessig

1 EL Marillenkernöl (Aprikosenkernöl)

5 Blätter Basilikum

servierfertig in 15 Minuten

1 Frische Mungbohnensprossen blanchieren, kalt abspülen und abtropfen lassen. Sprossen aus dem Glas abtropfen lassen.

2 Gemüse und Salat waschen und putzen. Möhre und Petersilienwurzel schälen und in Streifen schneiden. Porree und Eisbergsalat ebenfalls in Streifen schneiden.

3 Mango schälen und das Fruchtfleisch in Streifen vom Kern schneiden.

4 Einen Wok mit dem Rapsöl erhitzen und die Möhren- und Petersilienwurzelstreifen darin 2 Minuten dünsten. Porree dazugeben und kurz unterrühren. Mungbohnensprossen und Eisbergsalat unterheben und zum Schluss die Mangostreifen dazugeben. Mit Salz, Pfeffer, Currypulver und Essig würzen. Alles durchschwenken.

5 Den Wokinhalt auf einem Teller anrichten. Mit dem Marillenkernöl beträufeln und mit Basilikumblättern garnieren.

Tipp **Die Mahlzeit mit ein paar Mungbohnensprossen als Eiweißbissen beginnen.**

Tipp **Um das Fruchtfleisch der Mango gut vom Kern lösen zu können, gibt es in Haushaltswarengeschäften sogenannte Mangoschneider, die den praktischen Apfelschneidern ähneln.**

Emmerfladenbrot

1 Emmer in einer Getreidemühle fein vermahlen und das Mehl in eine Schüssel geben.

2 Das Salz unter das Mehl mischen. Nach und nach das Wasser und das Öl einrühren und alles zu einem geschmeidigen Teig verkneten. Der Teig muss weich sein, darf aber nicht flüssig sein. Den Teig mindestens 30 Minuten ruhen lassen, besser wären 2 Stunden.

3 Ein Backblech mit Backpapier auslegen. Den Teig in 8 Stücke teilen, zu dünnen Fladen mit 3 Millimeter Dicke ausrollen und auf das Backpapier legen.

4 Das Backblech in den kalten Backofen schieben und die Fladen bei 200 °C (Umluft 180 °C, Gas Stufe 3–4) für 15 Minuten backen.

Tipp **Emmerfladen sind eine beliebte Alternative zu Roggenvollkornbrot. Da sie rasch hart werden, wenn sie auskühlen, empfiehlt es sich, sie noch warm zu essen.**

Info **Emmer ist eine alte Art Weizen. Mit seinem hohen Eiweiß- und Mineralstoffgehalt ist er ideal für eine vollwertige Ernährung.**

Für 8 kleine Fladenbrote

200 g Emmer oder Kamut
½ TL Salz
125 ml lauwarmes Wasser
1 EL Olivenöl

servierfertig in 55 Minuten

Garnelen auf Couscous

1 Couscous in eine Schüssel geben. Gemüsebrühe aufkochen und den Couscous damit knapp bedecken. Couscous 10 Minuten ziehen lassen.

2 Zucchini waschen, putzen und in Würfel schneiden. Frühlingszwiebel waschen, putzen und in Röllchen schneiden. Knoblauch abziehen und fein hacken. Kräuter waschen, mit Küchenkrepp trockentupfen, die Blätter abzupfen und fein hacken.

3 Garnelen unter fließendem kaltem Wasser waschen und mit Küchenkrepp trockentupfen; dabei darauf achten, dass jeweils der Darm richtig entfernt ist.

4 Eine Pfanne mit dem Rapsöl erhitzen und die Garnelen darin braten. Zucchiniwürfel und Frühlingszwiebelringe dazugeben und kurz mitbraten. Mit Salz, Pfeffer und Knoblauch würzen. Die Kräuter darüberstreuen.

5 Den Couscous auf einen Teller geben und die Gemüse-Garnelen-Mischung darauf anrichten.

Tipp **Die Mahlzeit mit einigen Garnelen als Eiweißbissen beginnen.**

Für 1 Portion

100 g Couscous (Instant)
250 ml Gemüsebrühe
100 g Zucchini
100 g Frühlingszwiebel
2 Knoblauchzehen
5 Stängel Petersilie
2 Stängel Dill
2 Stängel Basilikum
220 g Garnelen mit Schale (küchenfertig)
2 EL Rapsöl
Steinsalz
Pfeffer aus der Mühle

servierfertig in 15 Minuten

Graupensuppe mit Rahm

Für 1 Portion

80 g Perlgraupen
100 g Möhre
80 g Knollensellerie
80 g Porree
2 EL Rapsöl
250 ml Gemüsebrühe
Steinsalz
Pfeffer aus der Mühle
frisch geriebene Muskatnuss
250 g Sahne
1 EL frisch gehackte Petersilie

servierfertig in 30 Minuten

1 Graupen in ein Sieb geben, unter fließendem kaltem Wasser waschen und abtropfen lassen.

2 Möhre waschen. Möhre und Sellerie putzen, schälen und in kleine Würfel schneiden. Porree putzen, längs halbieren, waschen und in schmale Scheiben schneiden.

3 Einen Topf mit dem Rapsöl erhitzen und das Gemüse darin kurz anschwitzen. Graupen dazugeben und mit Gemüsebrühe auffüllen. Zum Kochen bringen, die Hitzezufuhr reduzieren und alles in 20 Minuten gar köcheln lassen. Mit Salz, Pfeffer und Muskatnuss würzen.

4 Sahne dazugeben, unterrühren und die Suppe kurz aufkochen lassen. Mit Petersilie bestreuen.

Tipp **Für eine schnelle Gemüsebrühe fertiges Pulver ohne Hefeextrakt kaufen und nach Packungsanleitung in Wasser auflösen.**

Tipp **Anstelle von Perlgraupen (Gerste) kann man auch Dinkel, Emmer oder Kamut grob schroten und die Suppe damit kochen. Diese Getreidesorten sollten allerdings vorher nicht gewaschen werden, damit die Suppe schön sämig werden kann.**

Gemüse-Reis-Pfanne mit Fisch

1 Wildreis in einem Topf mit reichlich Wasser bedecken und leicht salzen. Aufkochen, die Hitzezufuhr reduzieren und den Wildreis so lange köcheln lassen, bis er aufplatzt. Das dauert etwa 20 Minuten. Den gegarten Reis in ein Sieb abschütten.

2 Heilbutt unter fließendem kaltem Wasser waschen, mit Küchenkrepp trockentupfen und in gleich große Stücke schneiden.

3 Petersilienwurzel und Möhre waschen, schälen, putzen und in Streifen schneiden. Kaiserschoten waschen und jeweils beide Enden abschneiden. Ananas schälen, den Mittelstrunk entfernen und das Fruchtfleisch in Stücke schneiden.

4 Eine Pfanne mit dem Rapsöl erhitzen und die Gemüsestreifen darin 4 Minuten dünsten. Kaiserschoten und Heilbutt dazugeben und weitere 4 Minuten dünsten. Mit Salz, Pfeffer, Piment und Currypulver würzen.

5 Wildreis, Ananas und Koriandergrün unterheben. Das Gericht auf einem Teller anrichten und mit dem Marillenkernöl beträufeln.

Tipp **Die Mahlzeit mit etwas Heilbutt als Eiweißbissen beginnen.**

Für 1 Portion

50 g Wildreis

Meersalz

200 g weißer Heilbutt

80 g Petersilienwurzel

80 g Möhre

80 g Kaiserschoten

150 g Ananas

2 EL Rapsöl

schwarzer Pfeffer aus der Mühle

gemahlener Piment

Currypulver

1 EL frisch gehacktes Koriandergrün

2 EL Marillenkernöl (Aprikosenkernöl)

servierfertig in 30 Minuten

Foto siehe Seite 99

Gratinierte Polenta

1 Brühe aufkochen. Polenta unter Rühren einrieseln lassen, die Hitzezufuhr reduzieren und die Polenta unter ständigem Rühren 10 Minuten köcheln lassen. Die Polenta in einen feuerfesten Schmortopf geben und dessen Boden damit daumendick ausstreichen.

2 Backofen auf 170 °C (Umluft 150 °C, Gas Stufe 2) vorheizen. Ricotta salzen, pfeffern und verrühren.

3 Paprikaschote waschen, putzen und klein würfeln. Rucola waschen, trockentupfen und grob hacken. Oliven ebenso grob hacken. Eine Pfanne mit dem Olivenöl erhitzen und die Paprikawürfel darin kurz anbraten. Oliven und Rucola unterziehen, salzen und pfeffern.

4 Die Gemüsemischung auf die Polentaschicht streichen. Darauf den Ricotta verteilen. Schmortopf in den Backofen stellen und die gewürzte Polenta in etwa 10 Minuten backen, bis der Ricotta schön knusprig braun ist. Mit Basilikum garnieren.

Tipp **Die Mahlzeit mit etwas Ricotta als Eiweißbissen beginnen.**

Tipp **Dieses Gericht lässt sich gut vorbereiten, da man es zur Essenszeit nur noch in den Backofen schieben muss.**

Für 1 Portion

400 ml Gemüsebrühe
100 g Polenta
120 g Ricotta
Steinsalz
Pfeffer aus der Mühle
100 g orangefarbene Paprikaschote
30 g Rucola
5 schwarze Oliven
2 EL Olivenöl
6 Blätter Basilikum

servierfertig in 30 Minuten

Reis aus Tausendundeiner Nacht

Für 1 Portion

180 g Putenbrust
160 g Hokkaido-Kürbis
30 g Zwiebeln
frischer Ingwer (ca. ½ cm)
2 EL Rapsöl
60 g Naturreis
Steinsalz
Kardamom
Kreuzkümmel
Piment
Zimt
1 EL Cashewkerne

servierfertig in 15 Minuten

1 Putenbrust unter fließendem kaltem Wasser waschen, mit Küchenkrepp trockentupfen und in Streifen schneiden.

2 Kürbis waschen, putzen und in kleine Würfel schneiden. Zwiebeln abziehen und fein hacken. Ingwer schälen und fein hacken.

3 Einen Topf mit dem Rapsöl erhitzen und die Putenbruststreifen darin anbraten. Ingwer dazugeben und mitbraten. Zwiebeln, Kürbis und Reis zufügen und ebenfalls kurz braten. Mit Salz, Kardamom, Kreuzkümmel, Piment und Zimt würzen.

4 So viel Wasser aufgießen, dass das Ganze zwei Fingerbreit bedeckt ist. Aufkochen lassen, die Hitzezufuhr reduzieren und den gewürzten Reis 20 Minuten ziehen lassen.

5 Den Topfinhalt auf einem Teller anrichten und mit Cashewkernen bestreuen.

Tipp **Das Gericht schmeckt auch kalt sehr lecker, weshalb es sich gut vorbereiten und außer Haus verzehren lässt.**

Tipp **Zum Würzen kann man auch eine fertige orientalische Würzmischung wählen, dabei jedoch darauf achten, dass diese keine Geschmacksverstärker enthält.**

Hirse mit Mandeln und Sonnenblumenkernen

Für 1 Portion

80 g Hirse
1 TL Gemüsebrühepulver
7 TL Mandel-Sonnenblumenkern-Mischung
180 g Pak choi (Senfkohl)
160 g Mango
2 EL Rapsöl
Steinsalz
Chilipulver
gemahlener Piment
1 EL Bio-Apfelessig

servierfertig in 35 Minuten

Foto siehe Seite 98

1 Hirse in ein feines Sieb geben, kurz kalt waschen, abtropfen lassen und in einen Topf geben. 225 Milliliter Wasser und das Gemüsebrühepulver zufügen. Zum Kochen bringen, die Hitzezufuhr reduzieren und die Hirse 25 Minuten köcheln lassen. Den Topf zur Seite ziehen und die Hirse noch 10 Minuten ausquellen lassen.

2 In der Zwischenzeit eine Pfanne ohne Fett erhitzen und Mandeln und Sonnenblumenkerne darin rösten, bis sie duften. Auf ein Arbeitsbrett geben und auskühlen lassen.

3 Pak choi waschen, putzen und klein schneiden. Mango schälen und würfeln.

4 Rapsöl in der Pfanne erhitzen und Pak choi darin anbraten. Mangowürfel dazugeben und kurz mitschwenken. Mit Salz, Chilipulver und Piment würzen. Zum Schluss den Essig dazugeben und die Flüssigkeit kurz einkochen lassen.

5 Die gerösteten Mandeln und Sonnenblumenkerne grob hacken und unter die Hirse mischen. Hirse auf einem Teller anrichten und die Gemüsemischung darübergeben.

Tipp **Die Mahlzeit mit etwas Körnermischung als Eiweißbissen beginnen.**

Pellkartoffeln mit Bärlauchquark und Chicorée

Für 1 Portion

250 g neue Kartoffeln

Kräutersalz

150 g Quark

3–5 Blätter frischer Bärlauch nach Geschmack

Pfeffer aus der Mühle

gemahlener Kümmel

gemahlener Piment

200 g Chicorée

2 EL Rapsöl

2 EL Olivenöl

servierfertig in 30 Minuten

1 Kartoffeln waschen und mit der Schale in einen Topf mit Salzwasser geben. Aufkochen und in gut 20 Minuten weich kochen.

2 Inzwischen den Quark mit 2 bis 3 Esslöffel Wasser in einer Schüssel cremig glatt rühren.

3 Bärlauch waschen, in feine Streifen schneiden und unter den Quark rühren. Mit Kräutersalz, Pfeffer, Kümmel und Piment würzen.

4 Chicorée halbieren und den Strunk entfernen. Eine Pfanne mit dem Rapsöl erhitzen und den Chicorée darin von beiden Seiten anbraten. Mit Kräutersalz würzen.

5 Den gebratenen Chicorée auf einem Teller anrichten. Den Bärlauchquark daraufgeben. Die Pellkartoffeln halbieren, dazulegen und mit dem Olivenöl beträufeln.

Tipp **Die Mahlzeit mit etwas Quark als Eiweißbissen beginnen.**

Tipp **Man kann den frischen Bärlauch auch zusammen mit etwas Öl mixen und dann erst unter den Quark rühren. So entfaltet sich sein feiner Knoblauchgeschmack noch besser.**

Roggenvollkornbrot

1 Dem Sauerteig 300 Gramm Roggenvollkornmehl und 300 Milliliter Wasser dazugeben und zu einem glatten Teig verrühren. Mit einem feuchten Tuch abdecken und für 12 Stunden (über Nacht) ruhen lassen.

2 Die restlichen 500 Gramm Roggenvollkornmehl, 500 Milliliter Wasser und Salz sowie nach Geschmack die anderen Gewürze unter den Teig arbeiten. Teig zugedeckt an einem warmen Ort 1 Stunde ruhen lassen.

3 Zwei Kastenformen einölen. Den Teig mit einem Teigschaber durcharbeiten und je 1 Kilogramm in eine Form geben. Die Teige nochmals 1 Stunde ruhen lassen, bis sie aufgegangen sind.

4 Backofen auf 170 °C (Umluft 150 °C, Gas Stufe 2) vorheizen. Die Kastenformen in den heißen Backofen stellen und die Brote 70 bis 80 Minuten backen. 10 Minuten vor Ablauf der Backzeit die Brote aus den Formen nehmen, auf ein Backblech setzen und die letzten 10 Minuten ohne Form backen. So bekommen sie eine schöne Kruste.

Tipp **Roggenvollkornbrot hält sich 7 bis 9 Tage frisch. Das Brot mit der angeschnittenen Seite auf einen Holzteller stellen und offen liegen lassen, dann bleibt die Kruste knusprig.**

Tipp **Vom fertigen Brotteig 1 Esslöffel abnehmen, in Folie packen und im Kühlschrank aufbewahren. So hat man gleich den Sauerteig für ein nächstes Brot.**

Für 2 Brote à 1 kg

400 g Sauerteig (siehe Rezept nebenan auf Seite 112)

800 g Roggenvollkornmehl

800 ml Wasser

30 g Steinsalz

1 Prise Koriander

1 Prise Kümmel

1 Prise Anis

1 Prise Fenchel

Außerdem

2 Kastenformen (26 cm lang, 8 cm hoch)

Rapsöl für die Formen

gebacken in ca. 80-90 Minuten

Kokoslinsen

Für 1 Portion

90 g rote Linsen
50 g Basmatireis
20 g Kokoschips
20 g Zwiebeln
50 g Petersilienwurzel
50 g Pastinake
2 EL Kokosfett
mittelscharfes Currypulver
½ Tomate
1 Limette
Steinsalz
2 EL frisch gehacktes Koriandergrün

servierfertig in 25 Minuten

1 Linsen und Reis in ein feines Sieb geben, kurz kalt waschen und abtropfen lassen.

2 Eine Pfanne ohne Fett erhitzen und die Kokoschips darin rösten, bis sie duften.

3 Zwiebeln abziehen und fein würfeln. Petersilienwurzel und Pastinake waschen, schälen und in Würfel schneiden.

4 Einen Topf mit Kokosfett erhitzen und Zwiebeln, Pastinake und Petersilienwurzel darin anbraten. Linsen und Reis dazugeben, mit Currypulver bestäuben und kurz braten lassen. Kokoschips dazugeben.

5 So viel Wasser aufgießen, dass es ein Fingerbreit über der Mischung steht. Einmal aufkochen, die Hitzezufuhr reduzieren und alles 5 Minuten köcheln lassen. Die Hitzezufuhr ganz ausschalten und die Kokoslinsen auf der Herdplatte fertig ziehen lassen.

6 Tomate in Spalten schneiden. Limette waschen und in Viertel schneiden.

7 Kokoslinsen mit Salz würzen und auf einen Teller geben. Tomatenspalten und Limettenviertel dazu anrichten und mit Koriandergrün bestreuen.

Tipp **Die Mahlzeit mit einigen Linsen als Eiweißbissen beginnen.**

Das Rezept für die
Geschnetzelte Entenbrust
finden Sie auf Seite 122.

Schlemmertage

Einfach genießen

Das Rezept für das Gefüllte Kalbsfilet finden Sie auf Seite 127.

Rote-Bete-Puffer mit geräucherter Forelle

Für 1 Portion

180 g Rote Bete
frischer Meerrettich
1 Ei
Steinsalz
Pfeffer aus der Mühle
gemahlener Kreuzkümmel
2 EL Sonnenblumenöl
150 g geräuchertes Forellenfilet
1 TL frisch gehackter Dill

servierfertig in 25 Minuten

1 Rote Bete waschen, putzen, schälen und fein reiben. Dabei am besten Einmalhandschuhe tragen, denn der Saft färbt sehr stark. Meerrettich ein Stück weit schälen und 1 Teelöffelvoll abreiben.

2 Rote Bete, Meerrettich und Ei vermengen. Mit Salz, Pfeffer und Kreuzkümmel würzen. Aus der Masse kleine Bratlinge formen.

3 Eine Pfanne mit dem Sonnenblumenöl erhitzen und die Bratlinge darin von jeder Seite 3 Minuten braten.

4 Forellenfilet in Stücke schneiden und auf die Puffer legen. Dill aufstreuen und alles zugedeckt 2 Minuten ziehen lassen, damit das geräucherte Forellenfilet warm wird.

Tipp **Die Mahlzeit mit etwas Forellenfilet als Eiweißbissen beginnen.**

Info **In diesem Rezept sind mit Fisch und Ei zwei Eiweißarten enthalten.**

Würzige Kartoffeln

Für 1 Portion

300 g Kartoffeln
Steinsalz
50 g Schalotten
1 TL Senfmehl
Pfeffer aus der Mühle
2 EL Haselnussöl
2 EL Bio-Apfelessig
2 EL Schnittlauchröllchen

servierfertig in 30 Minuten

1 Kartoffeln waschen und in Salzwasser in etwa 20 Minuten gar kochen. Noch heiß pellen und in Scheiben schneiden.

2 Schalotten abziehen, würfeln und zu den Kartoffeln geben. Mit Senfmehl, Salz und Pfeffer würzen.

3 Öl und Essig unter die Kartoffeln mischen. Schnittlauch darübergeben.

Tipp **Diese Kartoffeln anstelle von Roggenvollkornbrot zu den Gerichten genießen.**

Sauerteig selbst gemacht

Für 1 kg Roggenvollkornmehl

200 g Roggenvollkornmehl
200 ml warmes Wasser

ergibt ca. 2 kg fertigen Brotteig

1 In einer großen Schüssel 100 Gramm Roggenmehl mit 100 Milliliter warmem Wasser zu einem glatten Teig verrühren. Mit einem feuchten Tuch abdecken und für 48 Stunden an einen warmen Platz stellen.

2 Diesem säuerlich riechenden Teig erneut 100 Gramm Roggenmehl und 100 Milliliter warmes Wasser dazugeben und weitere 24 Stunden stehen lassen.

Blut- und Leberwurst

1 Schalotten abziehen und in Würfel schneiden. Einen Topf mit dem Rapsöl erhitzen und die Schalotten darin anbraten. Sauerkraut dazugeben und mit Salz und Pfeffer würzen.

2 Wacholderbeeren, Pimentkörner, Lorbeerblatt und Kümmel in einen Teebeutel geben, diesen mit Küchengarn verschließen und zu dem Kraut geben. Das Sauerkraut 20 Minuten köcheln lassen.

3 Den Kasselerrücken auf das Sauerkraut legen und 10 Minuten mit erhitzen. Blut- und Leberwurst auf das Kraut legen und nur kurz erwärmen.

Tipp **Die Mahlzeit mit etwas Kasseler als Eiweißbissen beginnen.**

Info **Blut- und Leberwurst gibt es meist nur in den Wintermonaten frisch vom Metzger. Dazu schmeckt Kartoffelpüree sehr gut.**

Für 1 Portion

50 g Schalotten
2 EL Rapsöl
200 g frisches Sauerkraut
Steinsalz
Pfeffer aus der Mühle
2 Wacholderbeeren
2 Pimentkörner
1 Lorbeerblatt
½ TL Kümmel
100 g Kasselerrücken
1 Blutwurst
1 Leberwurst

servierfertig in 35 Minuten

Entenbrust gefüllt mit Dörrpflaumen auf Gemüseschupfnudeln

Für 1 Portion

200 g Entenbrust
50 g Dörrpflaumen
1 kleiner Zweig Rosmarin
Salz
Pfeffer aus der Mühle
1 TL Rapsöl

Für die Gemüseschupfnudeln

50 g Petersilienwurzel
50 g Möhre
50 g Frühlingszwiebel
200 g gekochte Kartoffeln (vom Vortag)
1 Eigelb
gemahlene Muskatblüte
Salz
3 EL Rapsöl
50 g Dinkelmehl Type 630
Pfeffer
Kardamom, Kurkuma
1 EL frisch gehackte Petersilie

servierfertig in 45 Minuten

1 Entenbrust waschen, mit Küchenkrepp trockentupfen und das Fett zur Hälfte entfernen. Seitlich eine Tasche einschneiden. Dörrpflaumen klein würfeln und mit dem Rosmarinzweig einlegen. Tasche zudrücken, salzen und pfeffern.

2 Backofen auf 130 °C vorheizen. Eine feuerfeste Pfanne mit Rapsöl erhitzen und das Fleisch darin auf der Hautseite anbraten. Wenden, die Pfanne in den Backofen stellen und die Entenbrust 30 Minuten braten.

3 Gemüse waschen und putzen. Petersilienwurzel und Möhre in feine Streifen schneiden. Frühlingszwiebel dritteln.

4 Kartoffeln durch eine Kartoffelpresse drücken. Eigelb, Muskatblüte, Salz, 1 Esslöffel Rapsöl und Dinkelmehl dazugeben und alles zu einem glatten Teig verkneten. Schupfnudeln formen. Wasser aufkochen, salzen und die Schupfnudeln einlegen. Sie sind fertig, wenn sie oben schwimmen. Schupfnudeln herausnehmen und kalt abspülen.

5 Eine Pfanne mit 2 Esslöffel Rapsöl erhitzen und Gemüse und Schupfnudeln darin kurz braten. Mit Salz, Pfeffer, Kardamom und Kurkuma würzen. Petersilie unterheben.

6 Entenbrust in Tranchen schneiden. Alles zusammen anrichten.

Geschnetzelte Entenbrust

Für 1 Portion

200 g Entenbrust
150 g grüne Bohnen
50 g Schalotten
1 Birne
2 EL Rapsöl
1 Prise Zimt
Steinsalz
Pfeffer aus der Mühle
2 EL Walnussöl
4 Blätter Pfefferminze

servierfertig in 30 Minuten

Foto siehe Seite 116

1 Entenbrust unter fließendem kaltem Wasser waschen, mit Küchenkrepp trockentupfen und die Haut nach Belieben entfernen. Die Brust quer in Streifen schneiden.

2 Grüne Bohnen waschen, die Enden abschneiden und die Bohnen blanchieren. Schalotten abziehen und in feine Würfel schneiden. Birne waschen, vierteln, entkernen und in dünne Spalten schneiden.

3 Eine Pfanne mit dem Rapsöl erhitzen und die Entenbrustscheiben darin kurz anbraten. Herausnehmen und auf einen Teller geben.

4 In der gleichen Pfanne die Schalotten andünsten. Bohnen und Birnenspalten dazugeben und alles 3 Minuten dünsten. Die Entenbruststreifen dazugeben. Mit Zimt, Salz und Pfeffer würzen.

5 Auf einem Teller anrichten. Mit dem Walnussöl beträufeln und die Pfefferminzblätter anlegen.

Tipp **Die Mahlzeit mit etwas Entenbrust als Eiweißbissen beginnen. Bratkartoffeln schmecken gut dazu.**

Fasanenbrust auf Ananassauerkraut

1 Fasanenbrust waschen und trockentupfen. Mit Salz, Pfeffer und Thymianblättern würzen. Ananas schälen, den Mittelstrunk entfernen und das Fruchtfleisch in kleine Stücke schneiden.

2 Eine Pfanne mit dem Rapsöl erhitzen und die Fasanenbrust darin auf der Hautseite anbraten. Das Fleisch herausnehmen und auf einen Teller legen.

3 Ananas in die Pfanne geben und braun anbraten. Das Sauerkraut dazugeben und kurz mitbraten. Mit Salz und Pfeffer würzen.

4 Die Fasanenbrust auf das Ananaskraut legen und 20 Minuten im Backofen bei 100 °C ziehen lassen.

Tipp **Die Mahlzeit mit etwas Fasanenfleisch als Eiweißbissen beginnen.**

Info **Sauerkraut ist Lebensmittel und probiotisches Nahrungsmittel in einem. Die entstandenen Milchsäurebakterien sind für unser Immunsystem sehr wichtig und schützen unseren Organismus vor Krankheiten. Am wertvollsten ist rohes, nicht pasteurisiertes Sauerkraut.**

Info **Als Süßungsmittel dient hier die Ananas, die bei metabolic balance® in allen vier Phasen erlaubt ist.**

Für 1 Portion

200 g Fasanenbrust
Steinsalz
Pfeffer aus der Mühle
1 Zweig Thymian
150 g Ananas
3 EL Rapsöl
200 g Sauerkraut

servierfertig in 30 Minuten

Gänsebraten klassisch mit Rotkraut

1 Die Haut der Gänsebrust nach Belieben entfernen. Gemüse schälen und würfeln.

2 Eine Bratpfanne mit Rapsöl erhitzen und die Gänsebrust darin auf der Hautseite anbraten, umdrehen und schön braun braten.

3 Gemüse in die Pfanne geben und kurz mitbraten. Gänsebrust herausnehmen. Gemüse braun braten und das Fett abgießen. Tomatenmark dazugeben und anbraten, bis es am Topfboden ansetzt. Je dunkler das Tomatenmark, desto dunkler die Sauce. Mit Wein ablöschen und den Bratensatz lösen. Gänsebrust auf das Gemüse legen. Im Backofen bei 100 °C 1 Stunde ziehen lassen.

4 Rotkohl raspeln. Schalotten abziehen und würfeln. Rapsöl erhitzen und die Schalotten darin anschwitzen. Rotkohl einrühren. Brühe zufügen und aufkochen. Gewürze dazugeben und 25 bis 30 Minuten zugedeckt köcheln lassen. Apfel in dicke Scheiben schneiden und in Rapsöl kurz braten.

5 Gänsebrust aus der Pfanne nehmen. Sauce mit einem Mixstab pürieren und mit Salz, Pfeffer und Koriander würzen.

6 Gänsebrust in Tranchen schneiden und mit Rotkohl und Apfelscheiben anrichten. Mit Essig beträufeln. Sauce extra servieren.

Für 1 Portion

1 Gänsebrust

je 50 g Möhre, Sellerie und Schalotten

1 EL Rapsöl

1 EL Tomatenmark

125 ml trockener Rotwein

Für das Rotkraut

200 g Rotkohl

50 g Schalotten

1 EL Rapsöl

125 ml Gemüsebrühe

1 Lorbeerblatt

2 Wacholderbeeren

2 Pimentkörner

Steinsalz, Pfeffer aus der Mühle

gemahlener Koriander

2 EL alter Bio-Apfelessig

Für den Apfel

1 Apfel, 1 TL Rapsöl

servierfertig in 80 Minuten

Paniertes Schweineschnitzel

Für 1 Portion

100 g Staudensellerie
100 g Möhre
4 EL Rapsöl
Steinsalz
schwarzer Pfeffer aus der Mühle
2 Schweineschnitzel à 80 g
1 EL Dinkelmehl Type 630
1 Ei
200 g Sesam
100 g Papaya
1 TL geröstetes Sesamöl

servierfertig in 30 Minuten

1 Staudensellerie und Möhre waschen, putzen und in feine Scheiben schneiden. In einem Topf 1 Esslöffel Rapsöl erhitzen und Staudensellerie und Möhre darin anbraten. Mit Salz und Pfeffer würzen. 1 bis 2 Esslöffel Wasser dazugeben und das Gemüse zugedeckt 5 Minuten dünsten.

2 Schnitzel mit Salz und Pfeffer würzen. Mehl auf einen Teller geben und das Ei in einem anderen Teller mit Sesam verschlagen.

3 Eine Pfanne mit dem restlichen Öl erhitzen. Schnitzel erst in Mehl, dann in Ei und Sesam wenden und schließlich in das heiße Öl legen. Nach 2 Minuten wenden und von der anderen Seite ebenso braten. Herausnehmen und warm halten.

4 Papaya schälen, Kerne entfernen und das Fruchtfleisch in 2 Zentimeter große Stücke schneiden. Die Papayastücke kurz in der Pfanne anbraten.

5 Die Schnitzel mit dem Gemüse auf einem Teller anrichten, die Papayastücke auf die Schnitzel geben und alles mit dem Sesamöl beträufeln.

Tipp **Die Mahlzeit mit etwas Schnitzel als Eiweißbissen beginnen.**

Gefülltes Kalbsfilet

1 Kalbsfilet waschen und trockentupfen. In zwei gleich große Filets teilen und jeweils eine Tasche hineinschneiden. Die Taschen mit Gorgonzola füllen. Die Filets mit Salz und Pfeffer würzen.

2 Eine Pfanne mit 2 Esslöffel Rapsöl erhitzen und das Fleisch darin von jeder Seite 1 Minute braten. Zur Seite stellen.

3 Bohnen waschen und die Enden abschneiden. Die Bohnen in 4 Zentimeter große Stücke schneiden, blanchieren und unter kaltem Wasser abschrecken. Schalotten abziehen und in Würfel schneiden.

4 In einem Topf das restliche Rapsöl erhitzen und die Schalottenwürfel darin andünsten. Bohnen dazugeben. Mit Salz und Pfeffer würzen.

5 Die gebratenen Filets auf das Gemüse in den Topf legen und Thymian zufügen. Zugedeckt 10 Minuten dünsten lassen.

Tipp **Die Mahlzeit mit etwas Kalbsfilet als Eiweißbissen beginnen.**

Für 1 Portion

180 g Kalbsfilet
60 g Gorgonzola
Steinsalz
Pfeffer aus der Mühle
3 EL Rapsöl
160 g breite Bohnen
50 g Schalotten
2 Zweige Thymian

servierfertig in 25 Minuten

Foto siehe Seite 117

Kalbsleber »Berliner Art« mit Stampfkartoffeln

Für 1 Portion

200 g Kartoffeln
Steinsalz
100 ml Vollmilch
30 g Butter
frisch geriebene Muskatnuss
1 Apfel
100 g Zwiebeln
200 g Kalbsleber in Scheiben
1 EL Dinkelmehl Type 630
4 EL Rapsöl

servierfertig in 40 Minuten

1 Kartoffeln waschen und mit der Schale in Salzwasser in gut 20 Minuten weich kochen. Backofen auf 100 °C vorwärmen.

2 Die gegarten Kartoffeln heiß pellen und mit einem Kartoffelstampfer zerdrücken. Milch und Butter dazugeben und mit Salz und Muskatnuss würzen. Die Stampfkartoffeln im Backofen warm stellen.

3 in der Zwischenzeit Apfel waschen, das Kerngehäuse ausstechen und das Fruchtfleisch in Scheiben schneiden. Zwiebeln abziehen, halbieren und in Streifen schneiden. Kalbsleberscheiben in Dinkelmehl wenden.

4 Eine Pfanne mit dem Rapsöl erhitzen und die Leberscheiben darin von jeder Seite 2 Minuten braten. Auf die Stampfkartoffeln geben und warm halten.

5 Die Zwiebelstreifen in der gleichen Pfanne goldbraun braten. Apfelringe ebenfalls braten. Zwiebeln und Apfelscheiben auf der Leber anrichten.

Tipp **Die Mahlzeit mit etwas Kalbsleber als Eiweißbissen beginnen. Dazu schmeckt Bohnengemüse gut.**

Tatar

Für 1 Portion

80 g Schalotten

50 g Gewürzgurke

200 g mageres Rinderhack (ganz frisch vom Metzger)

2 Eigelb

3 TL Schnittlauchröllchen

Steinsalz

Pfeffer aus der Mühle

1 Prise Kardamom

3 EL Olivenöl

servierfertig in 15 Minuten

1 Schalotten abziehen und in kleine Würfel schneiden. Gewürzgurke ebenfalls klein würfeln.

2 Hackfleisch in eine Schüssel geben. Schalotten, Gewürzgurke, Eigelb und 2 Teelöffel Schnittlauchröllchen zufügen. Alles gut miteinander vermengen.

3 40 Milliliter Wasser, Salz, Pfeffer, Kardamom und Olivenöl dazugeben und alles gut vermengen. Ist das Tatar zu fest, noch etwas Wasser dazugeben.

4 Tatar auf einem Teller anrichten und mit dem restlichen Schnittlauch bestreuen.

Info **In diesem Rezept sind mit Eigelb und Rindfleisch zwei Eiweißarten enthalten.**

Tipp **Als Brotzeit mit selbst gebackenem Roggenbrot, Radieschen, Tomate und Salatgurke essen – das ist einfach köstlich.**

Tipp **Aus dem Tatar zwei Steaks formen und in einer Pfanne anbraten, aber nicht durchbraten.**

Rinderfilet »Stroganoff«

Für 1 Portion

50 g Porree
4 EL Rapsöl
50 g Naturreis
Steinsalz
100 ml Wasser
180 g Rinderfilet
50 g Schalotten
50 g Champignons
50 g Rote Bete
50 g Essiggurke
Pfeffer aus der Mühle
gemahlener Koriander
Senfmehl
150 g Sauerrahm

servierfertig in 20 Minuten

1 Porree putzen, längs halbieren, waschen und fein schneiden. Einen Topf mit 1 Esslöffel Rapsöl erhitzen und Porree und Reis darin leicht anbraten. Mit Salz würzen. 100 Milliliter Wasser aufgießen und aufkochen lassen. Die Hitzezufuhr ausschalten und den Reis auf der warmen Platte gar ziehen lassen.

2 Rinderfilet unter fließendem kaltem Wasser waschen, mit Küchenkrepp trockentupfen und in Würfel schneiden. Schalotten abziehen und würfeln. Champignons putzen und in Scheiben schneiden. Rote Bete waschen, schälen und roh in kleine Würfel schneiden. Essiggurke in Würfel schneiden.

3 Eine Pfanne mit 2 Esslöffel Rapsöl erhitzen und die Filetwürfel darin anbraten. Das Fleisch aus der Pfanne nehmen und auf einem Teller warm halten.

4 Das restliche Öl in die Pfanne geben und die Champignons und die Schalotten darin anbraten. Wenn diese leicht Farbe bekommen haben, die Essiggurke dazugeben und 1 Minute mitbraten. Zum Schluss die Rote Bete auch noch kurz braten.

5 Das Fleisch wieder dazugeben und erwärmen. Mit Salz, Pfeffer, Koriander und Senfmehl würzen. Sauerrahm einrühren und nicht mehr aufkochen lassen.

Gratinierter Ziegenfrischkäse

Für 1 Portion

150 g Ziegenfrischkäse
(feste Konsistenz)

Für das Pesto

5 Stängel Basilikum

50 g Parmesan

2 EL Pinienkerne

2 EL Olivenöl

Steinsalz

Pfeffer aus der Mühle

Für den Salat

180 g gemischter Salat
(Rucola, Radicchio, Chicorée)

1 Knoblauchzehe

1 EL Bio-Apfelessig

Steinsalz

Pfeffer aus der Mühle

1 TL Paprikaflocken

2 EL Olivenöl

servierfertig in 20 Minuten

1 Backofen auf 180 °C Oberhitze vorheizen bzw. die Grillfunktion einschalten. Ein Backblech mit Backpapier auslegen. Ziegenkäse auf das Backpapier legen.

2 Für das Pesto Basilikum waschen, mit Küchenkrepp trockentupfen und die Blätter von den Stängeln abzupfen. Parmesan fein reiben. Basilikum mit Pinienkernen und Olivenöl in einem Mörser zu einer Paste verarbeiten. Zum Schluss fast den gesamten Parmesan unter das Pesto heben. Mit Salz und Pfeffer würzen.

3 Die Salate waschen, putzen und auf einem Teller anrichten. Für das Dressing Knoblauch abziehen und fein hacken. Essig mit Knoblauch, Salz, Pfeffer und Paprikaflocken würzen. Öl nach und nach unterrühren.

4 Pesto auf dem Ziegenkäse verteilen und mit dem restlichen Parmesan bestreuen. Im Backofen überbacken. Das Pesto soll eine leichte Kruste bilden, und der Käse soll lauwarm werden.

5 Blattsalate mit dem Dressing marinieren. Den Käse daraufsetzen.

Tipp **Dieses Gericht lässt sich gut vorbereiten und ist eine schöne Vorspeise für ein Essen mit Freunden. Wer keinen Mörser zur Hand hat, kann das Pesto auch in einem Mixer zubereiten.**

Roggenbrot-Bergkäse-Gratin

Für 1 Portion

3 Scheiben Roggenvollkornbrot
100 g Bergkäse
100 g Porree
100 g Sauerrahm
2 Eier
Steinsalz
Pfeffer aus der Mühle
1 Prise Kümmel
1 TL Rapsöl

servierfertig in 45 Minuten

1 Roggenvollkornbrot in Würfel schneiden. Bergkäse reiben. Porree putzen, längs halbieren, waschen und in Streifen schneiden.

2 Bergkäse und Sauerrahm in eine Schüssel geben und miteinander vermischen. Porree, Eier und Brotwürfel zufügen. Mit Salz, Pfeffer und Kümmel würzen.

3 Backofen auf 130 °C (Umluft 110 °C, Gas Stufe 1) vorheizen. Eine feuerfeste Form mit dem Rapsöl ausfetten.

4 Die Brot-Käse-Mischung in die Form geben und im Backofen 30 Minuten backen.

Tipp **Vorab ein kleines Stück Bergkäse zur Seite legen und die Mahlzeit damit als Eiweißbissen beginnen.**

Tipp **In diesem Rezept lässt sich sehr gut älteres Brot verarbeiten, wobei es gerne auch andere Vollkornbrotsorten sein können.**

Tipp **Statt Brot kann man auch 250 Gramm rohe, geschälte Kartoffelscheiben für diese Zubereitungsart verwenden.**

Allgäuer Kässpätzle

1 In einem Topf reichlich Wasser zum Kochen bringen und leicht salzen. Bergkäse reiben. Eine Schüssel bereitstellen, in der die Spätzle mit dem Käse gemischt werden sollen.

2 Zwiebeln abziehen und fein würfeln. Eine Pfanne mit Butter erhitzen und die Zwiebelwürfel darin goldbraun braten.

3 Mehl in eine Schüssel geben und mit Salz und Muskatnuss würzen. Eier mit 100 Milliliter Wasser vermengen und unter das Mehl mischen, sodass ein zähflüssiger Teig entsteht.

4 Den Teig portionsweise in einen Spätzlehobel füllen und Spätzle in das kochende Wasser hobeln. Aufkochen lassen, mit einer Schaumkelle herausheben und in die bereitgestellte Schüssel geben. Eine Schicht Käse aufstreuen. Erneut Spätzle zubereiten und mit Käse bestreuen. So lange wiederholen, bis alles aufgebraucht ist.

5 Kässpatzen mit Salz und Pfeffer würzen. Alles gut vermengen; der Käse wird dabei Fäden ziehen. Die gebräunten Zwiebelringe auf die Kässpätzle geben.

Tipp **Dazu schmeckt Endiviensalat ganz wunderbar.**

Tipp **Ein Stück Bergkäse vor dem Reiben zur Seite nehmen und schon während der Zubereitung als Eiweißbissen essen.**

Für 1 Portion

Steinsalz
200 g Bergkäse
100 g Zwiebeln
100 g Butter
200 g Dinkelmehl Type 630
frisch geriebene Muskatnuss
2 Eier
100 ml Wasser
schwarzer Pfeffer aus der Mühle

servierfertig in 30 Minuten

Spinatspätzle aus Emmer mit Gorgonzolasauce

1 Für die Sauce Schalotten abziehen und würfeln. Gorgonzola entrinden und klein schneiden. Einen Topf mit dem Rapsöl erhitzen und die Schalotten darin anbraten. Mit Sahne ablöschen und die Käsewürfel dazugeben. Mit Salz und Pfeffer würzen. Leicht köcheln lassen, bis der Käse geschmolzen ist. Speisestärke mit 2 Esslöffel Wasser anrühren und die Sauce damit abbinden.

2 In einem Topf reichlich Wasser zum Kochen bringen und leicht salzen.

3 Für die Spätzle den Spinat waschen, blanchieren, 2 Blättchen zur Seite legen und den Rest fein pürieren. Emmermehl mit Salz und Muskatnuss würzen. Eier, Spinatpüree und Wasser vermengen und unter das Mehl mischen, bis ein zähflüssiger Teig entsteht.

4 Teig portionsweise in einen Spätzlehobel füllen und in das kochende Wasser hobeln. Spätzle aufkochen lassen, herausheben und in eine Schüssel geben.

5 Gorgonzolasauce unter die Spätzle mischen. Mit den Spinatblättern garnieren.

Tipp **Das Gericht bei 170 °C (Umluft 150 °C, Gas Stufe 2) 15 Minuten überbacken.**

Tipp **Die Mahlzeit mit etwas Sauce als Eiweißbissen beginnen. Statt Spinat blanchierte Brennnessel verwenden.**

Für 1 Portion

Für die Sauce

50 g Schalotten
150 g Gorgonzola
2 EL Rapsöl
100 g Sahne
Steinsalz
Pfeffer aus der Mühle
1 TL Speisestärke

Für die Spätzle

100 g Spinat
200 g fein gemahlener Emmer
Steinsalz
frisch geriebene Muskatnuss
2 Eier
100 ml Wasser

servierfertig in 30 Minuten

Rahmspinat mit Spiegelei

Für 1 Portion

200 g Blattspinat
50 g Schalotten
3 EL Rapsöl
100 g Sahne
Steinsalz
frisch geriebene Muskatnuss
1 TL Speisestärke
30 g Butter
2 Eier

servierfertig in 20 Minuten

1 Spinat waschen, die harten Stiele entfernen und die Blätter grob hacken. Schalotten abziehen und in Würfel schneiden.

2 Einen Topf mit 1 Esslöffel Rapsöl erhitzen und die Schalottenwürfel darin anschwitzen. Spinat dazugeben und mit der Sahne aufgießen. Mit Salz und Muskatnuss würzen. Zugedeckt 3 Minuten dünsten lassen.

3 Speisestärke mit 2 Esslöffel kaltem Wasser anrühren und das Gemüse damit abbinden. Butter dazugeben, unterrühren und den Spinat nicht mehr kochen lassen.

4 Inzwischen in einer Pfanne 2 Esslöffel Rapsöl erhitzen und die Eier darin zu Spiegeleiern braten.

5 Den Spinat mit den Spiegeleiern auf einem Teller anrichten.

Tipp **Die Mahlzeit mit etwas Spiegelei als Eiweißbissen beginnen.**

Tipp **Dazu schmecken Pellkartoffeln. Statt Spiegeleier Fisch zum Spinat braten. Anstelle von Spinat Mangold oder Pak choi zubereiten.**

Schnittlauchflädle mit Rahmsteinpilzen

1 Schnittlauch waschen, trockentupfen und in feine Röllchen schneiden. Dinkelmehl, Milch und Öl zu einem glatten Teig verrühren. Salz, Ei und Schnittlauch dazugeben und unterrühren.

2 Eine Pfanne mit etwas Öl erhitzen. Teig portionsweise hineingeben und zu möglichst dünnen Pfannkuchen/Flädle ausbacken. Die fertigen Flädle auf einen Teller geben und bei 100 °C im Backofen warm halten.

3 Steinpilze putzen und etwas klein schneiden. Einen Topf mit dem Rapsöl erhitzen und die Pilze darin leicht anbraten. Sahne aufgießen und 2 Minuten köcheln lassen. Speisestärke mit 2 Esslöffel kaltem Wasser anrühren und die Rahmpilze damit abbinden. Mit Salz, Zimt und Kardamom würzen. Petersilie unterziehen.

4 Die Flädle auf einen Teller geben und mit den Steinpilzen füllen.

Tipp **Die Mahlzeit mit etwas Rahmsauce als Eiweißbissen beginnen.**

Für 1 Portion

Für die Flädle

½ Bund Schnittlauch
125 g Dinkelvollkornmehl
250 ml Milch
30 ml Rapsöl
½ TL Salz
1 Ei
Öl zum Braten

Für die Pilze

180 g Steinpilze
1 EL Rapsöl
200 g Sahne
1 EL Speisestärke
Steinsalz
1 Messerspitze Zimt
1 Messerspitze Kardamom
1 EL frisch gehackte Petersilie

servierfertig in 25 Minuten

Blumenkohlbratlinge

1 Blumenkohl waschen, putzen und in kleine Röschen teilen. Die Blumenkohlröschen mit 2 bis 3 Esslöffel Wasser und einer Prise Salz in einen Topf geben und zugedeckt 5 Minuten dünsten.

2 Käse mit einer Haushaltsreibe in Streifen reiben.

3 Blumenkohl in eine Schüssel geben und mit einem Kartoffelstampfer zu Brei stoßen. Käse, Eier und Mehl untermischen. Mit Salz, Pfeffer und Muskatnuss würzen. Aus der Masse kleine Bratlinge formen.

4 Eine Pfanne mit dem Sonnenblumenöl erhitzen und die Bratlinge darin von beiden Seiten braten. Auf einen Teller legen und mit Schnittlauchröllchen bestreuen.

Tipp **Die Mahlzeit mit einem Stück Bergkäse als Eiweißbissen beginnen.**

Info **In diesem Rezept sind mit Ei und Bergkäse zwei Eiweißarten enthalten.**

Für 1 Portion

150 g Blumenkohl
Steinsalz
100 g Bergkäse
2 Eier
2 EL Dinkelmehl Type 630
Pfeffer aus der Mühle
frisch geriebene Muskatnuss
2 EL Sonnenblumenöl
1 EL Schnittlauchröllchen

servierfertig in 20 Minuten

Die Rezepte für die Panacotta und den Obstsalat finden Sie auf Seite 144.

Schnittlauchflädle mit Rahmsteinpilzen

1 Schnittlauch waschen, trockentupfen und in feine Röllchen schneiden. Dinkelmehl, Milch und Öl zu einem glatten Teig verrühren. Salz, Ei und Schnittlauch dazugeben und unterrühren.

2 Eine Pfanne mit etwas Öl erhitzen. Teig portionsweise hineingeben und zu möglichst dünnen Pfannkuchen/Flädle ausbacken. Die fertigen Flädle auf einen Teller geben und bei 100 °C im Backofen warm halten.

3 Steinpilze putzen und etwas klein schneiden. Einen Topf mit dem Rapsöl erhitzen und die Pilze darin leicht anbraten. Sahne aufgießen und 2 Minuten köcheln lassen. Speisestärke mit 2 Esslöffel kaltem Wasser anrühren und die Rahmpilze damit abbinden. Mit Salz, Zimt und Kardamom würzen. Petersilie unterziehen.

4 Die Flädle auf einen Teller geben und mit den Steinpilzen füllen.

Tipp **Die Mahlzeit mit etwas Rahmsauce als Eiweißbissen beginnen.**

Für 1 Portion

Für die Flädle

½ Bund Schnittlauch
125 g Dinkelvollkornmehl
250 ml Milch
30 ml Rapsöl
½ TL Salz
1 Ei
Öl zum Braten

Für die Pilze

180 g Steinpilze
1 EL Rapsöl
200 g Sahne
1 EL Speisestärke
Steinsalz
1 Messerspitze Zimt
1 Messerspitze Kardamom
1 EL frisch gehackte Petersilie

servierfertig in 25 Minuten

Blumenkohlbratlinge

1 Blumenkohl waschen, putzen und in kleine Röschen teilen. Die Blumenkohlröschen mit 2 bis 3 Esslöffel Wasser und einer Prise Salz in einen Topf geben und zugedeckt 5 Minuten dünsten.

2 Käse mit einer Haushaltsreibe in Streifen reiben.

3 Blumenkohl in eine Schüssel geben und mit einem Kartoffelstampfer zu Brei stoßen. Käse, Eier und Mehl untermischen. Mit Salz, Pfeffer und Muskatnuss würzen. Aus der Masse kleine Bratlinge formen.

4 Eine Pfanne mit dem Sonnenblumenöl erhitzen und die Bratlinge darin von beiden Seiten braten. Auf einen Teller legen und mit Schnittlauchröllchen bestreuen.

Tipp **Die Mahlzeit mit einem Stück Bergkäse als Eiweißbissen beginnen.**

Info **In diesem Rezept sind mit Ei und Bergkäse zwei Eiweißarten enthalten.**

Für 1 Portion

150 g Blumenkohl
Steinsalz
100 g Bergkäse
2 Eier
2 EL Dinkelmehl Type 630
Pfeffer aus der Mühle
frisch geriebene Muskatnuss
2 EL Sonnenblumenöl
1 EL Schnittlauchröllchen

servierfertig in 20 Minuten

Die Rezepte für die
Panacotta und den Obstsalat
finden Sie auf Seite 144.

Desserts und Kuchen

Süßes für den Gaumen

Das Rezept für den
Rhabarberkuchen
finden Sie auf Seite 152.

Obstsalat ohne Zucker

Für 1 Portion

Obst nach Saison und Marktlage

2 TL Currypulver

2 EL geröstetes Sesamöl

servierfertig in 20 Minuten

Foto siehe Seite 142 unten

1 Obst waschen, putzen und in gleich große Stücke schneiden. Apfel nach Möglichkeit mit Schale verwenden. Alle Obststücke miteinander vermischen.

2 Obst mit Currypulver und Sesamöl würzen und 10 Minuten ziehen lassen.

Info **Das Obst nach Jahreszeit und Angebot auf dem Markt auswählen. Obst aus den Tropen, das per Flugzeug nach Europa kommt, ist oft schon verzehrsreif und süß genug. Auch der persönliche Geschmack ist ausschlaggebend, ob man sich etwa für Ananas, Apfel, Birne, Mandarine, Mango oder Papaya entscheiden will.**

Pannacotta

Für 2 Portionen

½ TL Agar-Agar

300 g Sahne

50 g Rohrohrzucker

1 TL Vanillezucker

servierfertig in 2 Stunden 10 Minuten

Foto siehe Seite 142 oben

1 In einer kleinen Schüssel Agar-Agar mit 1 Teelöffel Wasser verrühren.

2 Sahne mit Zucker und Vanillezucker zum Kochen bringen. Agar-Agar einrühren, die Hitzezufuhr reduzieren und die Sahne 2 Minuten köcheln lassen.

3 In zwei dekorative Gläser abfüllen und für 2 Stunden kalt stellen.

Schokoladenmus einmal anders

1 Fruchtfleisch der Avocado aus der Schale lösen. Das Mangofruchtfleisch schälen und vom Kern schneiden. Zusammen pürieren.

2 Fruchtmasse mit Kakaopulver und Ahornsirup oder Honig würzen. Kurz aufmixen.

3 Die Creme in den Kühlschrank stellen und gut durchkühlen lassen. Kalt genießen.

Für 1 Portion

½ Avocado

½ Mango

1–2 TL Kakaopulver

1 TL Ahornsirup oder Honig

servierfertig in 10 Minuten + Kühlzeit

Vanillepudding

1 Milch und Zucker in einen Topf geben. Das Mark aus der Vanilleschote kratzen und mit der Schote zufügen. Aufkochen. Vanilleschote entfernen. Hitzezufuhr reduzieren.

2 In einer kleinen Schüssel Eigelb, Kurkuma und Speisestärke miteinander verrühren.

3 Die heiße Milch langsam in die Eigelbmischung einrühren, zurück in den Topf geben und bei schwacher Hitze zur Rose abziehen. Das bedeutet, den Pudding mit einem Kochlöffel unter ständigem Rühren erhitzen und immer wieder mal auf den Kochlöffelrücken pusten; wenn sich kleine Wellen bilden, die an eine Rose erinnern, ist der Pudding fertig.

Für 1 Portion

250 ml Vollmilch

30 g Rohrohrzucker

½ Vanilleschote

3 Eigelb

1 Prise Kurkuma

1 gestrichener TL Speisestärke

servierfertig in 20 Minuten

Bananenkuchen

Für 1 Springform (26 cm Durchmesser)

Für den Mürbteig

300 g Dinkelmehl Type 630

150 g Rohrohrzucker

100 g Butter

2 Eigelb

1 Prise Steinsalz

Für die Bananenmasse

100 g Dinkelmehl Type 630

1 TL Backpulver

30 g Kakaopulver

100 g geriebene Haselnüsse

2 sehr reife Bananen (dürfen schon schwarz sein)

200 g Rohrohrzucker

1 EL Vanillezucker

6 Eier

je 1 Prise Zimt, Piment, Koriander

130 ml Rapsöl

Für die Glasur

200 g Kuvertüre

servierfertig in 2 Stunden

1 Für den Mürbteig Mehl, Zucker, Butter, Eigelb und Salz zügig miteinander verkneten. Teig zu einer Kugel formen, in Klarsichtfolie wickeln und im Kühlschrank mindestens 30 Minuten ruhen lassen.

2 Backofen auf 180 °C (Umluft 160 °C, Gas Stufe 2–3) vorheizen.

3 Für die Bananenmasse Mehl, Backpulver und Kakaopulver in eine Schüssel sieben. Nüsse dazugeben und alles gut vermischen. Bananen schälen.

4 Bananen, Zucker, Vanillezucker und Eier in einer Küchenmaschine schaumig rühren. Gewürze untermischen. Rapsöl unter ständigem Rühren langsam dazugießen. Mehlmischung unter die Bananenmasse heben.

5 Mürbteig ausrollen und den Boden einer Springform damit auslegen. Bananenmasse daraufgeben.

6 Die Springform in den heißen Backofen stellen und den Kuchen 40 Minuten backen. Herausholen und erkalten lassen.

7 Kuvertüre über einem Wasserbad schmelzen lassen und den Kuchen ringsherum damit bepinseln.

Käsekuchen

1 Für den Mürbteig Mehl, Zucker, Butter, Eigelb und Salz zügig miteinander verkneten. Teig zu einer Kugel formen, in Klarsichtfolie wickeln und im Kühlschrank mindestens 30 Minuten ruhen lassen.

2 Backofen auf 180 °C (Umluft 160 °C, Gas Stufe 2–3) vorheizen.

3 Für die Käsemasse alle Zutaten in eine Schüssel geben und mit einem Schneebesen gut miteinander verrühren.

4 Mürbteig ausrollen und eine Springform an Boden und Rand damit auslegen. Die Käsemasse hineingeben.

5 Die Form in den heißen Backofen stellen und den Kuchen etwa 55 Minuten backen. Herausholen und erkalten lassen.

Tipp **Mürbteig immer mit Butter zubereiten. Die Zutaten sollen schnell miteinander vermischt werden, damit die Butter im Teig nicht zu warm wird. Zusätzlich muss Mürbteig vor der eigentlichen Verarbeitung noch für eine Weile in den Kühlschrank, um gut durchkühlen zu können. Sonst wird der Teig beim Backen nicht so schön mürbe, wie es gewünscht ist.**

Tipp **Wer gleich die zwei- oder dreifache Menge zubereitet und den Rest, in Klarsichtfolie gewickelt, in den Kühlschrank legt, kann innerhalb der darauffolgenden Zeit schnell mal einen Obstkuchen backen. Mürbteig hält sich bis zu 3 Wochen im Kühlschrank.**

Für 1 Springform (26 cm Durchmesser)

Für den Mürbteig

300 g Dinkelmehl Type 630
150 g Rohrohrzucker
100 g Butter
2 Eigelb
1 Prise Steinsalz

Für die Käsemasse

750 g Quark (20 % Fett)
140 g Rohrohrzucker
1 EL Vanillezucker
3 Eier
750 ml Vollmilch
100 ml Rapsöl
50 g Speisestärke

servierfertig in 2 Stunden

Marillenknödel

Für 1 Portion

Salz

6 Marillen (Aprikosen)

Für den Teig

50 g Butter

1 Prise Salz

1 Ei

130 g Dinkelmehl Type 630

2 EL Grieß

Für die Brösel

60 g zimmerwarme Butter

40 g Semmelbrösel

2 EL Rohrohrzucker

½ TL Zimt

servierfertig in 30 Minuten

1 Für den Teig Butter in eine Schüssel geben, ganz leicht salzen und mit den Knethaken einer Küchenmaschine schaumig schlagen. Nacheinander das Ei, das Mehl und den Grieß einrühren. Der Teig sollte kompakt sein. Teig 15 Minuten ruhen lassen.

2 Für die Brösel die Butter in einer Pfanne zerlassen und die Semmelbrösel darin anrösten. Zucker und Zimt unterrühren, sobald die Brösel schön braun sind. Die Brösel auf einen Teller geben.

3 In einem Topf leicht gesalzenes Wasser zum Kochen bringen, die Hitzezufuhr reduzieren und das Wasser sieden lassen.

4 Marillen waschen und jede Frucht so aufschneiden, dass der Stein herausgenommen werden kann, die Fruchthälften aber noch zusammenhängen.

5 Den Teig in sechs Portionen teilen, Knödel formen und diese flach drücken. Auf jede Teigplatte eine Marille legen, in den Teig einschlagen und wieder Knödel formen.

6 Die Marillenknödel in das siedende Wasser legen und köcheln lassen, bis sie an die Oberfläche kommen. Die Knödel aus dem Wasser heben und in den Bröseln auf dem Teller so rollen, dass sie damit komplett überzogen werden.

Tipp **Auch Zwetschgen schmecken auf diese Art unwiderstehlich gut.**

Glutenfreier Nusskuchen

Für 1 Springform (26 cm Durchmesser)

10 Eier
250 g Rohrohrzucker
550 g geriebene Haselnüsse

Außerdem

Rapsöl für die Form

servierfertig in 1 Stunde

1 Backofen auf 180 °C (Umluft 160 °C, Gas Stufe 2–3) vorheizen. Eine Springform mit Rapsöl auspinseln.

2 Eier mit den Knethaken einer Küchenmaschine schaumig rühren, dabei nach und nach den Zucker einrieseln lassen. Die geriebenen Haselnüsse unterheben.

3 Die Kuchenmasse in die Form füllen. Die Form in den heißen Backofen stellen und den Kuchen 35 Minuten backen.

Milchreis

Für 1 Portion

300 ml Vollmilch
100 ml Wasser
30 g Rohrohrzucker
80 g Rundkornreis

servierfertig: morgens ansetzen und mittags oder abends genießen

1 In einem Topf Milch, Wasser und Zucker aufkochen lassen. Reis einrühren und bei schwacher Hitze 5 Minuten köcheln lassen.

2 Milchreis von der Kochstelle nehmen und zugedeckt lange ausquellen lassen. Wer den Milchreis gleich essen möchte, lässt ihn bei schwacher Hitze 25 Minuten köcheln.

Tipp **Die Mahlzeit mit einem Schluck Extramilch als Eiweißbissen beginnen und Kompott dazu genießen.**

Rhabarberkuchen

Für 1 Springform (26 cm Durchmesser)

Für den Mürbteig

300 g Dinkelmehl Type 630

150 g Rohrohrzucker

100 g Butter

2 Eigelb

1 Prise Steinsalz

Für den Belag

5–6 Stangen Rhabarber

100 g Sauerrahm

3 Eier

80 g Rohrohrzucker

50 g Sahne

1 TL Speisestärke

servierfertig in 2 Stunden

Foto siehe Seite 143

1 Für den Mürbteig Mehl, Zucker, Butter, Eigelb und Salz zügig miteinander verkneten. Teig zu einer Kugel formen, in Klarsichtfolie wickeln und im Kühlschrank mindestens 30 Minuten ruhen lassen.

2 Backofen auf 180 °C (Umluft 160 °C, Gas Stufe 2–3) vorheizen.

3 Für den Belag Rhabarber waschen, putzen, Fäden abziehen und die Stangen in gleich große Stücke schneiden.

4 In einer Schüssel Sauerrahm, Eier, Zucker, Sahne und Speisestärke glatt rühren.

5 Den Mürbteig ausrollen und eine Springform damit auslegen. Die Rhabarberstücke darauf verteilen und die Sauerrahmmasse darüber verteilen.

6 Die Form in den heißen Backofen schieben und den Kuchen 35 Minuten backen. Herausholen und erkalten lassen.

Tipp **Den Kuchen lauwarm genießen, ein Traum! Aprikosen, Sauerkirschen oder Johannisbeeren eignen sich ebenfalls für diese Zubereitung.**

Info **Da jeder Backofen die Temperatur unterschiedlich regelt, können die Backzeiten abweichen, bis zu plus/minus 10 Minuten. Bitte individuell beachten.**

Kaiserschmarrn mit Apfelkompott

1 Für das Kompott Apfel waschen, schälen, vierteln, das Kerngehäuse entfernen und das Fruchtfleisch in Stücke schneiden.

2 Apfelstücke in einem Topf mit Weißwein oder Wasser zugedeckt 5 Minuten dünsten. Mit Zimt und Currypulver würzen. Walnussöl dazugeben und alles mit einem Kartoffelstampfer zerstampfen.

3 Sternanis in das heiße Kompott geben und darin erkalten lassen. Vor dem Servieren entfernen.

4 Für den Kaiserschmarrn Dinkelmehl und Milch zu einem glatten Teig verrühren. Eier unterziehen.

5 Eine Pfanne mit dem Rapsöl erhitzen und den Teig hineingeben. Mit Haselnüssen, Mandelblättern und Zimt bestreuen. Den Teig mit einer Palette in der Mitte teilen und wenden. Die Teile von beiden Seiten goldgelb anbraten.

6 Die Teigstücke mit einer Gabel und der Palette in noch kleinere Stücke reißen. Mit Zucker bestreuen und diesen unter ständigem Wenden 1 Minute karamellisieren lassen.

Tipp **1 Esslöffel Rosinen in den Teig geben. Kompott kann auch mit Birnen, Zwetschgen und Marillen gekocht werden.**

Für 1 Portion

Für das Apfelkompott

1 großer Apfel (Sorte Boskop)
4 cl Weißwein oder Wasser
1 Prise Zimt
1 Prise Currypulver
1 EL Walnussöl
1 Sternanis

Für den Kaiserschmarrn

3 EL Dinkelmehl Type 630
200 ml Milch
2 Eier
3 EL Rapsöl
1 TL geriebene Haselnüsse
1 TL Mandelblätter
1 Prise Zimt
2 EL Rohrohrzucker

servierfertig in 30 Minuten

Rezeptregister

Zutatenregister

Literatur

Ahlgren, Jennie et al. Lund Universität Schweden: International PhD Course: »*Food, Medicine and Philosophy in East and West*«, Copenhagen Feb. 25. 2010

Forouhi et al. Am J Clin Nutr 2009 doi:10.3945/ajcn.2009.27828 »*Dietary fat intake and subsequent weight change in adults: results from the European Prospective Investigation into Cancer and Nutrition cohorts 1-3*«

Hauner, Hans Der Internist, 2011; 52, 374-382 »*Möglichkeiten der Adipositasbehandlung*«

Hauner, Hans DMW, 2006; 131, 1456-58 »*Klinischer Fortschritt: Ernährungstherapie*«

Jolly, Kate et al. BMJ, 2011; 343, d6.500 »*Comparison of range of commercial or primary care led weight reduction programmes with minimal intervention control for weight loss in obesity: Lighten Up randomised controlled trial*«

Larsen T.M. et al. NEJM, 2010; 363, 2102-13 »*Diets with High or Low Protein Content and Glycemic Index for Weight-Loss Maintenance*«

Ludwig, David S. Pediatrics, 1999; 103;e26, »*High Glycemic Index Foods, Overeating, and Obesity*«,

Meffert, Cornelia, Gerdes, Nikolaus Journal of Nutrition and Metabolism, 2010, Article ID 197656 »*Program Adherence and Effectiveness of a Commercial Nutrition Program: The Metabolic Balance Study*«

Mozzafarin, D. Ann Nutr Metab 2009; 55:173–201 »*Effects of Dietary Fats versus Carbohydrates on Coronary Heart Disease: A Review of the Evidence*«

Rademacher, Ch., Oberritter, H. Adipositas 2008; 2: 67–73 »*ICH nehme ab – das evaluierte Konzept der DGE zur Gewichtsreduktion und langfristigen Umstellung auf eine vollwertige Ernährung*«

Skeaff, C.M., Miller, J. (Dunedin) Ann Nutr Metab 2009; »*Dietary Fat and Coronary Heart Disease*«

Scholz, Gerhard H. Ernährungs-Umschau 52 (2005) Heft 6, 226-31 *Evaluation des DGE-Selbsthilfe-programms »ICH nehme ab«*

Worm, Nicolai, Gonder, Ulrike »*Mehr Fett*« systemed Verlag ISBN 978-3-927372-54-2

Impressum

Hinweis

Die Ratschläge in diesem Buch sind von Autoren und Verlag sorgfältig erwogen und geprüft; dennoch kann eine Garantie nicht übernommen werden. Eine Haftung der Autoren bzw. des Verlags und dessen Beauftragten für Personen-, Sach- und Vermögensschäden ist ausgeschlossen.

Bildnachweis

Fotografie und Styling Maike Jessen, Hamburg
Foodstyling Diane Dittmer

Mit Ausnahme von:
iStockphoto: 14 (Jasmina); Jump fotoagentur, Hamburg: 6 (Kristiane Vey); Metabolic Balance GmbH & Co.KG, Isen: 11, 13 (Patrick Fix); Südwest Verlag, München: 9 (Maike Jessen)

Über die Autoren

Dr. med. Wolf Funfack ist Arzt für Innere Medizin und Ernährungsmediziner. Nahezu 30 Jahre Erfahrung mit den unterschiedlichsten Diätprogrammen und deren mäßige Erfolge brachten ihn auf die Idee, etwas völlig Neues zu versuchen. Zusammen mit Silvia Bürkle (Dipl. Ing. für Ernährungstechnik) entwickelte er 2001 nach intensiven Studien das mittlerweile europaweit erfolgreiche metabolic-balance®-Ernährungskonzept.

Bernd Meyer ist seit 1985 Küchenmeister, hat eine Ausbildung zum medizinisch geprüften Ernährungsberater und ist im Schulungsteam »metabolic-balance®-Hotelkonzept« tätig. Seit 2007 sammelt er Erfahrungen mit seinem eigenen metabolic-balance®-Ernährungsplan. Er ist von der grundsätzlich einfachen, natürlichen und dadurch gesunden Ernährung von metabolic balance® so überzeugt, dass er seine Küche im Balance Resort Ifenblick in Balderschwang ganz danach ausrichtet. Sein Ziel ist es, allen Gästen diesen gesunden Genuss zugänglich zu machen.

Redaktionsleitung Susanne Kirstein
Projektleitung Maja Mayer, Susanne Kirstein
Redaktion Dr. Ute Paul-Prößler
Gesamtproducing, Layout, DTP
v*büro – Jan-Dirk Hansen, München
Bildredaktion Annette Mayer

Korrektorat Dr. Ulrike Kretschmer
Umschlaggestaltung
*zeichenpool, Milena Djuranovic, München
Reproduktion Artilitho snc, Lavis (Trento)
Druck und Verarbeitung Neografia, Martin
Printed in Slovakia

FSC MIX Papier aus verantwortungsvollen Quellen FSC® C020353 www.fsc.org

Verlagsgruppe Random House FSC®-DEU-0100
Das für dieses Buch verwendete FSC®-zertifizierte Papier *Profisilk* wurde produziert von Sappi Alfeld.

ISBN 978-3-517-08800-6
817 2635 4453 6271